LECTURE DE SPINOZA

Joaquin Ruiz

Droits d'auteur © 2015 Joaquin Ruiz

Tous droits réservés

ISBN-13 : 978-2-9552017-1-8

Dépôt légal : mars 2015

LECTURE DE SPINOZA

Comment la Philosophie, en tant que recherche du Sens, en vient-elle à la nécessité de s'enraciner dans l'Etre ? L'Ontologie et l'Anthropologie peuvent-elles fonder un discours valorisant ?

Ces questions renvoient, d'une part à une élucidation des rapports entre l'Etre et la Valeur, et d'autre part à une lecture du texte spinoziste selon la triple direction de l'a-théologie, de l'a-métaphysique et de l'a-morale.

Telles sont les perspectives de cette interprétation qui se propose délibérément de voir en Spinoza un penseur appartenant à la même « race » que Nietzsche.

Il ne s'agit pas de moderniser Spinoza, mais de parvenir — par-delà les tentatives de récupération — à un homme qui a pensé, et d'essayer de reconstruire sa démarche.

Joaquin RUIZ, après avoir été professeur agrégé de philosophie au Lycée du Mirail, a exercé le métier de psychiatre et de psychothérapeute à Toulouse.

Il a publié précédemment « Dits et interdits » et « Scopies ».

« Lecture de Spinoza » a été publié pour la première fois en 1972. Ceci constitue la deuxième édition.

à M. B.

« Le monde, pour Spinoza, était revenu à cet état d'innocence où il se trouvait avant l'invention de la mauvaise conscience. »

Nietzsche : *La Généalogie de la Morale* (Il-15).

INTRODUCTION

Le présent travail a pour but d'interpréter l'œuvre de Spinoza comme rapport de la philosophie à l'idéologie à travers la question des relations entre l'Etre et la Valeur.

Le problème qui est à l'origine de cette recherche est né d'une première lecture naïve : pourquoi un ouvrage intitulé *Ethique* débute-t-il par un discours sur la Cause de Soi, la Substance, Dieu, en un mot par tous les thèmes qui constituent traditionnellement le domaine réservé à l'Ontologie ?... Cette question se subdivise immédiatement, en appelant deux types de réponses.

Tout d'abord, comment Spinoza en est-il venu, à partir de motivations politiques et morales, au besoin de fonder nécessairement l'éthique sur une ontologie ?... Quelle que soit la réponse apportée à cette première question, elle rattachera Spinoza à la tradition métaphysique du fondement ontologique de l'éthique ; c'est-à-dire qu'elle ne le présentera absolument pas comme un penseur original, mais comme un homme pris tout entier dans le réseau que tisse la nécessité de penser ; et l'influence de celle-ci se fera sentir bien au-delà des simples modalités particulières de l'exposition : Spinoza, pris dans cette trame, devra en passer par certains problèmes et certaines orientations de la démarche, inhérents à cette nécessité même. Il devra en passer par là comme tout homme qui accepte de penser vraiment, c'est-à-dire de se plier à la nécessité du discours, et non plus de plier son discours aux solutions toutes prêtes que véhicule le bavardage culturel.

La seconde face de la question initiale semble devoir découler « logiquement » de ce premier moment : comment une éthique vient-elle ensuite s'articuler sur l'ontologie atteinte comme fondement ?... Le centre du problème se situe ici, au point précis où Spinoza amorce (ou devrait amorcer, d'après l'orientation initiale de sa propre pensée) la déduction d'une éthique à partir d'une ontologie. Le point d'articulation où le discours sur l'Etre devient (ou devrait devenir) discours sur la Valeur décidera de la place que nous devrons attribuer à Spinoza à l'intérieur (ou à l'extérieur) de la tradition qui lui fournit ses problèmes et son langage.

En effet, « sous » le problème du rapport de l'éthique à l'ontologie, c'est celui du rapport de Spinoza à la tradition métaphysique définie comme « idéologie » que nous avons voulu lire en filigrane. Définir la métaphysique occidentale comme idéologie, c'est uniquement la caractériser comme « pensée » qui ne peut arriver à penser en tant que tels les cadres mêmes à l'intérieur desquels elle pense ; c'est la poser comme perspective qui n'arrive pas à se thématiser elle-même en tant que perspective particulière. Il ne s'agit donc pas de faire une étude comparée des ressemblances et des différences entre telle thèse de Spinoza et telle autre d'un auteur particulier de l'Antiquité ou du Moyen-Age : il ne s'agit pas d'archéologie comparée. Il s'agit de définir le rapport essentiel de Spinoza à l'idéologie métaphysique qui a imposé (et qui continuera d'imposer après et malgré

Spinoza) les cadres de pensée qui constituent « l'illusion de l'arrière-monde », c'est-à-dire toutes les formes sous lesquelles se cache la Transcendance, que cette illusion emprunte les noms de Platon, d'Aristote, de Thomas d'Aquin ou de Descartes, ou de leur image réfractée par la tradition. Enfin, la lecture de Spinoza qui sous-tendra cette recherche sera faite sous l'angle d'une «logique de la philosophie », c'est-à-dire d'une reconstruction des moments nécessaires par lesquels une pensée en cours d'élaboration doit passer. Si cette perspective ne peut rendre compte de Spinoza, elle ne rendra compte de personne d'autre ; car, s'il y a un seul penseur qui soit allé délibérément jusqu'au bout des implications et des conséquences nécessaires de sa pensée, c'est bien Spinoza.

N. B. — Les textes de Spinoza sont cités dans la traduction suivante : « *Spinoza : Œuvres Complètes* - Texte nouvellement traduit ou revu, présenté et annoté par Roland Caillois, Madeleine Francès et Robert Misrahi - Bibliothèque de la Pléiade - Gallimard, NRF-1954.

Les abréviations suivantes ont été employées :
TRE - §30 : Traité de la Réforme de l'Entendement - paragraphe 30.
E II -7-Sc : Ethique - Deuxième partie - Proposition 7 - Scolie.
TTP - IV : Tractatus theologico-politicus : chapitre 4.
TP - II-3 : Tractatus politicus - chapitre 2 - paragraphe 3.
L. 12 : Lettre 12.

14

PREMIÈRE PARTIE

DU BESOIN DE VALEUR A

LA PRISE D'ETRE

Quel est le mouvement de pensée qui précède et rend nécessaire la première définition de l'Ethique ? Comment l'ontologie en est-elle venue à être le premier moment nécessaire d'une éthique ? Ces deux questions portent sur ce qui précède le discours explicite de Spinoza : elles renvoient donc à une interprétation de l'origine de ce discours qui ne pourra se justifier que par la lueur qu'elle jettera sur lui, c'est- à-dire par le caractère de nécessité qu'elle lui attribuera. Cette interprétation repose essentiellement sur le postulat suivant : le projet le plus ancien et le plus constant de Spinoza est celui d'écrire une morale, et c'est ce projet qui l'oblige à en passer par une ontologie. Spinoza aspire à l'Etre : vivre moralement, c'est pour lui atteindre un mode d'existence absolument signifiant. En effet, le besoin de Valeur, qui se fait sentir originellement et de la façon la plus pressante au niveau de l'action, est une manifestation du besoin de Sens. La remontée vers le fondement ontologique est une recherche du Sens : recherche de l'inconditionné pour lequel la question du Sens ne pourra plus se poser, et qui devra donc se donner un sens à lui- même pour pouvoir fonder celui de l'action. L'Etre devra donc à la fois être sens et le donner pour que l'action trouve enfin son propre sens, qu'elle est pour le moment incapable de fonder elle-même à son propre niveau. Ce besoin de la signification absolue jaillit de la prise de conscience de l'insuffisance des significations relatives perdues au milieu de la chaîne indéfinie moyen-fin, c'est-à-dire au milieu de la pure technicité de l'action. L'action est incapable de se fonder elle-même, de se situer, de se justifier : elle est tout entière constituée par des significations partielles, mais elle est incapable de se situer elle-même à l'intérieur d'une signification, d'un centre de perspective unique. Elle est constituée par la série indéfinie des Pourquoi relatifs, mais elle ne peut répondre par elle-même au Pourquoi absolu qui l'englobe. Ce Pourquoi absolu est la question ultime, l'unique question qui ne peut admettre pour réponse qu'un sens absolu sur lequel la question n'aura plus prise. Ce premier moment, ou moment ascendant de la démarche de Spinoza, est donc antérieur au discours philosophique achevé tel qu'il se présente dans *l'Ethique*. C'est en quelque sorte le moment pré-philosophique, non pas au sens d'attitude naturelle non-critique, mais au sens de moment qui va rendre l'entreprise philosophique nécessaire comme tentative d'instauration du sens. Or, ce premier moment qui explique l'apparition nécessaire de *l'Ethique*, c'est-à-dire en premier lieu celle du discours ontologique, est décrit ou plutôt suggéré comme tel dans les dix-sept premiers paragraphes du *Traité de la Réforme de l'Entendement*. La tentative que nous faisons de reconstruire «logiquement» la démarche de Spinoza exige que soit pris au sérieux ce début. Que signifie « prendre au sérieux » ces cinq pages d'introduction ?... C'est refuser d'emblée l'interprétation courante qui y voit précisément une introduction, c'est-à-dire une partie dont la présence n'est due qu'à un souci conventionnel, formel et poli. Nous devons partir de l'hypothèse que cette introduction n'a pas pour rôle d'amener de façon élégante la suite qui seule importe (le corps, le noyau, la thèse) ; qu'elle n'a pas été placée là par simple conformité à la tradition des autobiographies spirituelles. Cette hypothèse ne pourra être « vérifiée », qu'en fonction de la richesse qu'elle apportera à l'interprétation de ce début comme premier moment nécessaire rendant lui-même nécessaire le second moment que constitue *l'Ethique*.

« Quand l'expérience m'eut appris que tous les événements ordinaires de la vie sont vains et futiles, voyant que tout ce qui était pour moi cause ou objet de crainte ne contenait rien de bon ni de mauvais en soi, mais dans la seule mesure où l'âme en était émue, je me décidai en fin de compte à rechercher s'il n'existait pas un bien véritable et qui pût se communiquer, quelque chose chose enfin dont la découverte et l'acquisition me procureraient pour l'éternité la jouissance d'une joie suprême et incessante.» (TRE - §1). La première phrase prend acte précisément de cette démarche pré-philosophique, en constatant l'état de fait auquel elle en est venue : car ce début est un résultat. Spinoza nous situe ici au point névralgique où il se retourne sur ce qu'il a «fait» jusqu'alors ; et de la chaîne de ces événements surgit la question : Pourquoi ? Quel sens cela a-t-il ? La chaîne des actions passées ne se justifie pas par elle-même, ce qui rend le « faire » (c'est-à-dire aussi le « à faire ») proprement insensé. « Les événements ordinaires de la vie » contiennent bien chacun un sens, mais celui-ci demeure doublement relatif : d'une part il ne fait que relier deux événements entre eux sur le mode de la causalité ou du projet (c'est-à-dire des deux sens du Pourquoi particulier) ; d'autre part, ces divers sens relatifs forment eux-mêmes une sorte de totalité relative à l'individu. La relativité du sens constatée au niveau de l'existence pré-philosophique est une pure contradiction dans les termes : le sens est absolu ou n'est pas ; et une juxtaposition de sens relatifs n'a pas de sens par elle-même, ne peut pas constituer un sens. L'expression « valeur universelle » est donc un pléonasme : la constatation de la relativité des valeurs coïncide avec la constatation de l'absence absolue de valeur et donc du besoin d'une Valeur absolue.

Au niveau de ce premier paragraphe, ce besoin de sens s'identifie avec le besoin d'un type particulier de valeur, puisque les cadres à l'intérieur desquels Spinoza pose son problème sont ceux du « bon et du mauvais ».
S'il rejette les valeurs particulières, ce n'est pas en tant que valeurs, mais en tant que particulières. Ce n'est pas parce que l'existence pré-philosophique s'est déroulée

dans la perspective du sens que Spinoza la rejette : c'est parce que la particularité et la relativité des divers sens détruisent l'exigence même de cette perspective. Pour que la vie soit sensée, il faut qu'elle ait «un» sens , et l'exigence d'unité est aussi impérieuse que celle de signification, ou plutôt la signification n'est concevable que dans et par l'unité : elle se détruit elle-même dès qu'elle se disperse.

L'entreprise philosophique se confond avec la recherche du sens, et elle trouve son origine qui la rend nécessaire dans la double constatation de l'absence et de l'exigence de sens. Cette valeur, ce «bien véritable » sont ce qui avant tout importe, puisque ce ne peut être qu'au nom de cette valeur et dans cette perspective même que cette recherche pourrait être rejetée comme « peu importante ». L'affirmation de la vanité de la recherche philosophique est prise elle-même dans les filets de l'exigence de valeur ; l'acte même par lequel elle rejette le sens absolu est orienté par ce sens, en est issu et le désigne comme le foyer « imaginaire » et toujours déjà présent de l'autre côté du miroir. C'est pourquoi « l'option » de Spinoza n'est pas un choix entre deux possibilités : elle ne peut être ramenée au pari de Pascal, et encore moins au saut de Kierkegaard. Il n'y a pas à choisir entre la voie non-philosophique et la voie philosophique : c'est la voie non-philosophique elle-même qui se meut dans le langage de la valeur, et qui ne peut rejeter l'autre voie que dans et par la perspective qu'elle se refuse à reconnaître en tant que telle. Dès ce premier moment, la philosophie, c'est-à-dire la recherche du sens, apparaît comme la reconnaissance de ce sans quoi le langage qui la refuse s'abolirait lui-même. La Valeur est le point aveugle de l'œil non-philosophique, et même — nous aurons l'occasion de le préciser — de l'œil philosophique pré-spinoziste (le « pré » n'ayant ici aucun sens chronologique). Le sens est ce dans et par quoi l'homme parle, et donc ce au nom de quoi il rejette la recherche du sens. Et c'est pourquoi la philosophie tout entière ne pourra être pour Spinoza qu'une démystification du langage : un dévoilement de ce par quoi le langage devient possible comme porteur de sens et comme désignant ce domaine qui le porte et qu'il ne réussit pas à thématiser. Voilà qui nous éclaire sur le but que se propose Spinoza: « un bien véritable et qui pût se communiquer. »

L'exigence d'unité de sens semble s'adjoindre ici une « autre » exigence, traditionnellement unie à elle par le discours scolastique: l'exigence d'universalité. En réalité, c'est l'exigence même de sens qui va opérer ici une refonte totale de ces deux qualificatifs. Le « et » d'adjonction va devenir « et » d'identification ; et cette transformation désigne déjà, sur le mode de l'exigence c'est-à-dire de l'absence et du négatif, l'aspect essentiel sous lequel le besoin de valeur s'impose. La première composante (l'unité) s'était constituée comme ce sans quoi la multiplicité des rapports moyen-fin à l'intérieur d'une vie humaine ne pouvait même pas se poser comme telle : l'unité fondamentale d'un « il m'importe » unique pouvait seule apporter une réponse à la multiplicité indéfinie des Pourquoi se posant à nouveau pour chaque réponse partielle. La seconde composante (l'universalité) n'est que la même exigence encore poursuivie : l'unité fondamentale d'un « il importe » impersonnel peut seule fonder la validité particulière de chaque « il m'importe » individuel. Et c'est au niveau de cette double exigence que le langage intervient avec un rôle également double. D'une part, il apparaît comme le lieu originaire où le problème du sens se pose : celui-ci se confond en effet avec la question Pourquoi qui, de par sa position même, implique que l'homme ait à se justifier, c'est-à-dire à justifier son faire par un dire. Et si le problème du sens ne peut naître que sur ce terrain-là, c'est que le langage, avant même qu'il parvienne à la position de ce problème en tant que tel, est polarisé par le sens : celui-ci est le centre « virtuel» par lequel il est et que toute parole désigne. L'itinéraire pré-philosophique se confond alors avec la remontée des significations partielles de mes actions au sens total de ma vie sans lequel les Pourquoi particuliers s'effondrent faute de fondement... D'autre part, le langage seul peut constituer le lieu où le problème du sens se décide et se résout : à partir du moment où j'accepte le problème du sens de mon action, où j'accepte de parler et de justifier cette action (de dire pourquoi je l'ai accomplie, de révéler son sens), j'ai déjà accepté implicitement la double exigence d'unité et d'universalité, et je suis «embarqué » dans la remontée philosophique qui, pour justifier telle action particulière, doit passer de la signification partielle de mon action au sens de ma vie, et de celui-ci au sens de la vie. C'est donc une valeur unique et universelle qui seule peut me justifier : une valeur qui soit en droit valable pour tous, autrement dit qui soit réellement valable. Ce passage du droit au réel nécessite une explication, car il peut ressembler au premier abord à l'un de ces sauts «philosophiques » qui viennent parfois rompre la « chaîne des raisons ». Or, c'est précisément dans ce passage que réside la spécificité de la démarche philosophique par laquelle Spinoza se rattache à la tradition platonicienne. Nous avons vu que le besoin de justification et donc le souci de valeur jaillissaient dans les cadres du langage. Mais le sens, qui est spécifiquement ce que dit le langage — c'est-à-dire à la fois ce qu'il désigne et ce à partir de quoi il parle — est indissolublement lié à ce dont il est le sens : le sens est toujours celui d'une essence ; la valeur est toujours la valeur d'un être. Si le langage dit ce qui vaut c'est parce qu'il dit ce qui est. Cette liaison qui apparaît au niveau de la parole va se répercuter au niveau de la démarche philosophique elle-même et l'orienter nécessairement selon une direction que nous devrons expliciter. Si le langage dit le sens de ce qui est, la recherche d'une vie pleinement signifiante passera nécessairement par la recherche de ce qu'est cette vie : la recherche de ce qu'elle vaut, ou de ce qui en elle vaut, passera nécessairement par la recherche de ce qu'elle est. L'axiologie ne peut s'établir en tant que discours univoque disant le sens de la vie que sur le fondement d'un discours préalable sur l'essence de ce dont le sens est ici en question : l'homme. L'axiologie ne peut se constituer qu'après le passage par une anthropologie. Mais à son tour, ce discours sur l'homme ne devient univoque, c'est-à-dire pleinement sensé, que par l'explicitation de l'ensemble des relations qui définissent cette essence : celle-ci ne se constitue en tant que telle qu'en opposition à ce qu'elle n'est pas, en liaison avec ce par quoi elle est, ce contre quoi elle est (l'ensemble des relations qui l'unissent et l'opposent à la fois à l'Autre par lequel et contre lequel elle peut se poser en tant que telle). Le discours sur l'homme n'est ainsi concevable qu'à côté ou à l'intérieur d'un discours sur tout ce que n'est pas l'homme : l'homme ne peut se définir en tant que tel que par un discours sur ce qui est, d'une façon générale. L'anthropologie ne peut se constituer qu'après un passage par l'ontologie. La recherche du sens ou de la valeur passe donc nécessairement par une élucidation de l'Etre. Il est bien évident que le sens que prendront l'axiologie et l'ontologie spinozistes (les deux pôles qui sous-tendent son anthropologie) dépendra essentiellement du sens de ce passage, de cet « après », c'est-à-dire de la relation qui unira les divers niveaux du discours entre eux. Quoi qu'il en soit, la direction du premier moment est très nette : c'est le besoin de sens et de Valeur qui a entraîné nécessairement la recherche vers une élucidation de l'Etre. Le besoin d'un sens univoque a rendu nécessaire un fondement ontologique. C'est ce premier moment de sa pensée qui nous permet de caractériser Spinoza comme «platonicien » c'est-à-dire comme philosophe. Le sens de cette équivalence doit être éclairci... En qualifiant de platonicien le premier moment de la démarche spinoziste, il ne s'agit pas de marquer une quelconque préférence pour la « doctrine » ou pour les « théories » de Platon, ni même de poser ses cadres ou sa perspective de pensée comme « les meilleurs » qui soient. Ce que nous voulons dire en identifiant *philosophique* et *platonicien*, c'est peut-être ce qu'écrivait Spinoza lui-même à Albert Burgh : « Je ne prétends pas avoir rencontré la meilleure des philosophies, mais je sais que je comprends la vraie philosophie.» (L. 76). *Platonicien* signifie ici « démarche de pensée inaugurée par Platon », et non pas théorie ou doctrine. Le discours platonicien (du moins dans son moment ascendant) se trouve instaurer la démarche philosophique elle-même, au sens de remontée vers le fondement, vers l'inconditionné. L'instauration de l'intention philosophique est « l'invention » — pour reprendre le terme employé par François Châtelet (*Platon*) — des conditions de possibilité de l'acte de penser, c'est-à-dire du moment initial rendant inéluctable la démarche philosophique comme démarche vitale. Ce moment nécessaire dans tout « recommencement » de l'entreprise philosophique est pour nous synonyme de moment platonicien précisément parce qu'il est explicité chez Platon comme premier moment nécessaire — « répété » par Spinoza au début du *Traité de la Réforme de l'Entendement*. Ce moment est constitué par la constatation de l'absence de sens et par la prise de conscience de la nécessité du sens. Le point de départ de la démarche philosophique — point de départ qu'elle ne quittera jamais puisqu'il constitue la perspective même dans laquelle elle s'instaure — est le Pratique, c'est-à-dire le Politique et le Moral. La philosophie naît de l'absence de sens, qui est toujours absence de sens de la vie : la constatation primordiale est celle de l'anarchie, de l'irrationalité, de la fausseté fondamentale des pratiques sociales et individuelles. Les partisans d'un certain « immanentisme » peuvent voir dans cette prise de conscience initiale toute la future démarche déjà présente et enveloppée : si un individu constate l'absence de sens c'est qu'il porte déjà en lui non seulement une exigence mais tout le développement futur de l'instauration du sens... Mais il ne s'agit pas d'établir ici les « causes » psychologiques de la possibilité d'un commencement radical. Ce qui importe, c'est que, dans le monde même du non-sens apparaisse l'exigence de sens portée par le langage, c'est-à-dire par la seule réalité qui désigne précisément cette place absente comme ce qui seul importe. Cette origine fondamentalement pratique de la démarche philosophique est à rappeler sans cesse contre les tentatives d'étouffement et d'oubli qui s'efforcent d'ériger la philosophie en discours théorique spécialisé, ou en cercle logique de « pure » pensée correspondant en fait au cercle d'initiés qui refusent d'en sortir ou d'en redescendre. La philosophie a des racines, et s'efforce de produire des fruits : l'aurions-nous « oublié » depuis Descartes ?... La philosophie est fille de la terre, c'est-à-dire qu'elle est avant tout constatation de l'absence ou de la fausseté des valeurs terrestres, et effort pour donner sens ou pour créer des valeurs « vraies ». Le refus de tout engagement politique, le refus de redescendre dans la caverne, n'est plus la marque d'un souci de pureté spéculative, mais celle d'une impuissance qui force la philosophie à oublier ce dont elle est issue et qu'elle devait transformer. Le philosophe spéculatif ne peut pas agir, et il érige cette impuissance en vertu, en refus de se salir les mains : la philosophie qui était recherche du sens de la vie devient refus de la vie, de la sécularisation de la pensée, du retour de la pensée au lieu sans lequel elle perd toute raison d'être... Si « platonicien » est pour nous synonyme de « philosophique », c'est parce que Platon accepte le lieu du combat comme tel, et parce qu'il reconnaît l'origine de la philosophie dans le besoin de Valeur : l'expression « philosophie morale et politique » est pour lui comme pour nous un double pléonasme. Il s'agit maintenant de «reconstruire» la démarche que nous avons qualifiée de platonicienne.

Dans une perspective de « logique de la philosophie » il s'agit de découvrir la nécessité du passage du besoin de Valeur à la prise d'Etre, et de montrer que ce passage n'est pas le fait de tel penseur particulier, mais qu'il est le développement même de la pensée posant l'absence et l'exigence de sens, c'est-à-dire le fait pour cette pensée d'aller jusqu'au bout d'elle-même et d'expliciter nettement ce qui la rend nécessaire en tant que pensée de l'exigence de valeur. Ce premier moment de la démarche philosophique sera donc « décrit » comme moment nécessaire et impersonnel, présent comme tel chez Platon, mais toujours présupposé par Spinoza comme ce sans quoi il n'y aurait pas de philosophie possible — nécessaire —, c'est-à-dire comme ce qui précède le début de *l'Ethique*. Il ne s'agit donc pas ici de «faire une première partie » décrivant les ressemblances qui rapprochent Spinoza de la tradition métaphysique du fondement ontologique de l'Ethique, pour ensuite se servir de ce premier moment comme d'un fonds sur lequel se détacheraient les différences ou l'originalité irréductible de

Spinoza. Il s'agit de reconstruire la démarche logique d'un moment de pensée qui, quoique rarement explicité en tant que tel et parfois même inconscient, n'en constitue pas moins ce qui rend nécessaire la philosophie en tant qu'instauration du sens. Le point de départ de la pensée platonicienne coïncide « naturellement » avec celui que nous avons reconnu au début du *Traité de la Réforme de l'Entendement* : la constatation initiale du règne de l'irrationalité et de la violence dans les relations sociales. Cette violence est celle de la pluralité des opinions et de l'impossibilité de trouver un terrain commun d'arbitrage : la violence règne parce que l'opinion ne peut s'imposer que par la force (violence d'ailleurs tout autant «intellectuelle» que physique). Ces opinions diverses sont contradictoires parce qu'elles portent sur un objet ou un domaine toujours supposé commun : celui du « à faire et à ne pas faire » ; c'est-à-dire qu'elles prennent toutes position en fonction d'un sens toujours présupposé, et qu'elles ne peuvent exister en tant qu'opinions que grâce à un postulat inconscient : celui de l'unicité du sens ou de la valeur. La contradiction dont le penseur platonicien prend acte est celle qui se produit nécessairement entre l'exigence d'un sens unique, toujours présupposé, et la nécessaire pluralité qui apparaît dès que le sens n'est manifesté que par des opinions n'ayant pour terrain commun que la violence. La poursuite d'une unité supérieure qui résoudrait cette contradiction va nous conduire à travers les diverses étapes de la démarche « platonicienne ».

Recherche du sens dans l'accord entre les discours à l'intérieur de la communauté :

L'absence de sens semble résulter tout d'abord de la multiplicité des valeurs affirmées par des opinions diverses. Il semble donc que l'unité puisse être réalisée en descendant dans l'arène où combattent ces opinions, et en recherchant un certain arbitrage qui pourra réduire cette diversité. C'est donc avec les mêmes armes qu'utilisent ces opinions que l'unité va essayer de s'établir à l'intérieur de la communauté. Cette unité sera celle d'un discours univoque pouvant être tenu par tous les membres de la société : elle ne pourra s'établir que sur le supposé «fonds commun » à tous les discours particuliers. Ce qui constitue cette communauté est le cadre à l'intérieur duquel s'expriment les diverses opinions, ce sur quoi elles s'appuient, ce à partir de quoi elles jugent, ce qui n'est jamais remis en question à travers les diverses contradictions, c'est-à-dire ce sans quoi la contradiction elle-même ne pourrait exister. Ce terrain commun est l'idéologie de la communauté, c'est-à-dire ce sur quoi le jugement ne peut pas porter sans remettre en cause l'existence même de la société : la divergence des opinions (divergeant à partir de cette idéologie commune), loin de menacer la communauté, ne fait que la renforcer, puisque chacune d'elles pose comme nécessaire et toujours présupposée cette idéologie. Le discours unique qui est recherché à ce niveau, ne peut lui aussi que partir de ce terrain qui est le seul commun en fait : à partir de lui, il suflit d'établir un discours découlant de ce point de départ et pouvant être tenu indifféremment par chacun des membres. La nécessité portera uniquement sur la forme de ce discours, puisque son contenu sera prédéterminé par les « principes » donnés comme ceux sans lesquels la communauté présente ne pourrait pas exister en fait. Il s'agit donc ici d'élaborer une logique formelle en tant que structure hypothético-déductive : la forme d'un discours cohérent avec lui-même, une fois admis ce à partir de quoi il parle, l'idéologie de base. Un tel discours se caractérise comme pseudo-rationnel : sa rationalité est celle d'une façade, car purement formelle et ne suffisant pas par elle-même à établir un consensus. L'unité de sens, loin d'être instaurée par un tel discours, est toujours présupposée nécessairement à son origine. Cette prétendue unité de sens n'est d'ailleurs que l'unité d'une idéologie, c'est-à-dire d'un ensemble de valeurs disparates qui n'ont pas été pensées comme telles et qui ne forment une «unité» que parce qu'elles sont nécessaires toutes ensemble à la conservation de la société. Cette pseudo-unité fondée sur une pseudo-rationalité, Platon la trouvait présente dans la démocratie athénienne du IV° siècle, tout comme Spinoza la lisait dans l'aristocratie hollandaise du XVII° siècle : et nous la retrouvons pour notre compte dans les illusions «démocratiques » du XX° siècle. Ce discours « un » qui prétend dégager une unité de sens, une valeur unique des diverses opinions qu'il prétend synthétiser, ne peut établir un accord que sur des banalités, c'est-à-dire sur quelque chose d'impensé parce que toujours présupposé par la peur de voir s'effriter ce qui rend possible la communauté : la diversité des opinions. La pseudo-rationalité de l'illusion démocratique postule la possibilité de dégager une « volonté générale ». En fait, cette opinion commune ne peut jamais que coïncider avec l'ensemble des valeurs idéologiques qui constituent l'irrationnel de cette « rationalité », ce qui ne peut pas être pensé parce que ne pouvant pas être remis en question ni donc justifié : « on ne discute pas avec quelqu'un qui nie les principes » démocratiques. Cette première recherche de l'unité de sens dans l'accord entre les discours à l'intérieur de la communauté ne peut donc consister qu'en une perpétuelle répétition ou tautologie, en une reprise des principes acceptés implicitement comme ce sans quoi une communauté « fondée » sur l'opinion n'est même pas concevable : la diversité des opinions doit exister, mais ne pas dépasser la limite qui avait été fixée d'avance comme le minimum vital. La recherche de la valeur unique par ce discours unique ne peut donc aboutir qu'à une conformité avec l'ensemble des valeurs données par avance et acceptées implicitement par chaque individu. Cette unité formelle, qui n'est que répétiton d'une pluralité de fait au-delà de laquelle on ne peut pas remonter, constitue une abdication de la pensée devant un irrationnel de base.

Recherche du sens dans l'accord avec soi-même :

Le langage voulant exprimer l'unité de sens ne peut être celui d'un simple consensus, d'une rationalité formelle se contentant de répéter l'irrationalité d'un contenu non pensé comme tel. La pensée cherchant à instaurer le sens et le langage univoque qui exprimera celui-ci doit remonter jusqu'à ces principes qui avaient été jusqu'à présent acceptés par l'individu — et même pas acceptés, puisque l'acceptation suppose une reconnaissance. La rationalité doit étendre son emprise jusqu'à ce qui ne pouvait jusqu'alors être pensé et remis en question. La notion de valeur était jusqu'ici contradictoire ; pour reprendre les expressions d'Eric Weil (*Logique de la Philosophie*), je parle le langage des valeurs mais je ne possède pas ces valeurs : ce sont les valeurs qui me possèdent. Alors que la valeur n'est telle que par ma prise de position par rapport à elle (par mon choix), la pensée (l'individu pensant) a été jusqu'ici exclue de son domaine, et elle ne pouvait que prendre acte de ce qui était toujours déjà là. Or le donné ne peut accéder à la valeur qu'à travers l'acte de pensée, c'est-à-dire à travers l'acte de reconnaissance, d'acceptation. La recherche de la valeur et de l'unité de sens se déplace ainsi de la communauté à la pensée individuelle : elle dépasse la pure soumission à l'idéologie, et est amenée à l'instauration nécessaire d'un discours qui exprime l'unité de l'individu dont il émane. L'accord avec les autres s'est avéré incapable d'instaurer la Valeur, puisqu'il ne pouvait être qu'acceptation des valeurs impensées au-delà desquelles le discours de la communauté ne peut jamais remonter. Cet accord, s'il veut être pensé, doit passer par un accord préalable de l'individu avec lui-même : celui-ci doit penser la Valeur en tant que telle, c'est-à-dire tout d'abord penser les diverses valeurs qui jusqu'ici ont emprisonné son action (diversité de laquelle a surgi l'exigence de valeur qui lui impose la recherche du discours univoque). Le fait de penser une idéologie en tant que telle constitue déjà — quelle que soit la prise de position ultérieure — une attitude critique vis-à-vis de ces valeurs dominantes. Cette attitude implique donc la création d'un sens nouveau, exprimant l'individu lui-même. En effet, même si celui-ci revenait après sa remise en question aux valeurs dans lesquelles il vivait inconsciemment auparavant, ces valeurs ne seraient pas les mêmes et conserveraient la marque de celui qui les a pensées ; il y aurait en effet entre leurs deux états le passage par la mise en question, le moment du doute qu'il ne serait plus possible de négliger ou d'oublier. Même si la vie du penseur continue à se dérouler apparemment dans les mêmes cadres axiologiques, cette vie aura toujours derrière elle le détour de pensée qui la séparera du pré-philosophique : ce ne seront pas « les mêmes » valeurs que le philosophe retrouvera. La recherche du sens dans l'accord avec soi-même passe donc nécessairement par la création d'un sens individuel : les principes ne sont plus donnés mais toujours posés par l'individu ; ils sont pensés en tant que principes d'action pouvant être à tout moment approuvés par moi-même (l'action dirigée par un tel principe pouvant être qualifiée de vraiment « mienne », c'est-à-dire engageant mon entière responsabilité). A ce niveau, la recherche du sens s'est donc confondue avec un discours entièrement constitué par l'individu, et dans lequel celui-ci n'a laissé aucun présupposé impensé. Il s'agit donc d'un discours clos, entièrement refermé sur l'individu qui le tient. Mais ce discours ne peut se contenter d'exprimer l'individu et le sens que prend pour lui «sa vie» : il est en même temps essentiellement ouvert, et doublement. D'une part, vers l'Autre, vers l'auditeur qui est en droit un interlocuteur ; et d'autre part vers le domaine commun aux deux partenaires, vers ce dont il est question dans le discours, vers ce dont le sens est en question, vers ce qui fonde et rend nécessaire l'exigence d'universalité parce qu'il est l'unique «ce que» qui importe, l'Etre...

Recherche du sens dans le passage par l'Ontologie :

Le sens de l'action humaine, à partir du moment où il veut s'exprimer, se manifester ne serait-ce qu'à moi-même (et peut-on parler d'un sens séparé de son expression ?...), doit se traduire dans un discours qui s'adresse à l'Autre et qui lui désigne le terrain de ce langage, qui en affirme le sens : le lieu du Sens, c'est l'Etre...

Le discours prétendant instaurer la Valeur doit dans un premier moment expliciter en tant que tel ce dont la valeur est en question, ce dont le sens fait problème. Le sens de la vie ne peut être dit que par celui qui sait ce qui est. Le langage n'est donc plus un système clos s'efforçant d'exprimer l'ineffable individualité ; il s'ouvre sur ce qu'il désigne et qui le rend possible en tant que porteur de sens : l'Etre. Le discours ne peut dire que le sens de l'Etre : la véritable univocité ne peut être fondée que sur celui-ci. L'unité du discours pleinement signifiant ne peut qu'exprimer l'unité de l'Etre. Le véritable langage commence par être une ontologie : pourra-t-il arriver à être « autre chose » que ce commencement ?... Tel est donc le point d'aboutissement de la démarche pré-philosophique : celle-ci pose l'ontologie comme premier moment nécessaire du discours philosophique qui est recherche du sens. La reconstruction «logique» de cette démarche, c'est-à-dire la mise en évidence de la nécessité d'un tel enchaînement, s'est faite sous le signe de « l'impérialisme » platonicien: ce premier moment de la pensée, qui remonte du besoin initial de valeur à la nécessité de la prise d'être, est un moment essentiellement platonicien. Et, dans la mesure où nous définissons la philosophie comme recherche du sens, la philosophie est platonicienne ou n'est pas. Spinoza est pris dans ce réseau et sous-jacent à toute cette analyse : en effet, seul ce premier moment — qui transparaît au début du *Traité de la Réforme de l'Entendement* — rend possible la présence de l'Ethique en tant que discours sur l'Etre, c'est-à-dire rend nécessaire le fondement ontologique de la Valeur. Ce n'est donc pas émasculer Spinoza, le rendre inoffensif parce que traditionnel, que de le qualifier de platonicien. C'est au contraire mettre au jour la nécessité de sa pensée, enraciner son ontologie dans un besoin de Valeur, c'est-à-dire faire de *l'Ethique* le discours qui répond à un besoin vital, et non la pure spéculation désintéressée d'un ermite ayant le temps de s'élever au-dessus des choses de « ce monde ». Spinoza a des mains — il a même des mains « sales »...

Voilà donc approximativement esquissé le premier moment de la démarche philosophique. Si ce moment n'est pas «spinoziste », en ce sens qu'il n'est pas explicité dans les textes comme thème propre à Spinoza, il est cependant ce qui rend son discours nécessaire. Ce caractère à la fois nécessaire et implicite justifie donc a posteriori d'une part la place que nous lui avons accordée au « commencement » de ce qui se voudrait une reconstruction «logique » du mouvement de la pensée de Spinoza, et d'autre part l'absence de citations : ce premier moment précède le discours spinoziste et ne peut donc s'appuyer pour se justifier sur ce même discours. La reconstruction de ce premier moment s'est dessinée dans la double perspective qui avait été annoncée. La première composante de cette perspective est une « logique de la philosophie » : en elïet, la première étape de la démarche qui nous a conduits du besoin de Valeur à la prise d'Etre est constituée par un enchaînement de moments que la pensée doit nécessairement suivre pour satisfaire à l'exigence initiale. Cet enchaînement n'est donc pas suspendu à un commencement radical qui ferait se heurter cette logique de la pensée à un irrationnel irréductible : c'est la situation d'où cette pensée est issue qui est irrationnelle, ou plutôt que la pensée elle-même pose comme irrationnelle et insensée. L'apparence illogique de ce commencement est donc liée au fait que la pensée est enracinée, que la situation qu'elle pense et à partir de laquelle elle pense est toujours déjà là comme le scandale auquel nous sommes toujours déjà habitués parce que nous y habitons...

La seconde composante de cette perspective est le rapport de Spinoza à la tradition. Dans ce premier moment, cette tradition s'est révélée être celle du fondement ontologique de l'éthique. Et le rapport de Spinoza à cette tradition platonicienne est très simple : il s'identifie nécessairement à elle. Cette remontée de l'exigence de Valeur à l'Etre comme seul susceptible de la fonder nous est apparue comme le moment nécessaire de toute démarche philosophique, même de celle qui se retourne par la suite contre lui. Un philosophe ne peut « renier» ce premier moment que parce qu'il en est « passé par là » lui aussi : et ce mouvement ascendant ne doit pas être considéré comme une « erreur de jeunesse » mais comme l'impulsion même de la pensée, d'autant plus contraignante qu'elle est plus inconsciente. Si Spinoza n'a pas pris conscience de ce moment en tant que « moment platonicien », il l'a tout de même rapidement noté au début du *Traité de la Réforme de l'Entendement* comme moment initial rendant nécessaire la philosophie ; et d'autre part — Spinoza le dit lui-même — il n'a pas une philosophie possible parmi d'autres, mais il est pris tout entier dans le réseau de la nécessité de penser, c'est-à-dire de la philosophie. Mais nous en arrivons précisément au moment crucial où va se décider le sens de ce rapport de Spinoza à la tradition qui le porte. En effet, d'après le projet philosophique, le discours sur l'Etre constitue un point de passage nécessaire comme fondement, mais point de passage seulement ; l'ontologie est la charnière qui annonce et porte l'autre volet de la démarche : la redescente de l'Etre à la Valeur. Ce second moment seul accomplit le projet philosophique qui n'était que recherche du sens. La logique interne de cette démarche traditionnelle entraîne donc la déduction nécessaire d'une anthropologie à partir de l'ontologie, et d'une axiologie à partir de cette anthropologie. La direction que va prendre le discours de Spinoza à partir de son discours sur l'Etre nous permettra seule de le situer à l'intérieur ou à l'extérieur de cette tradition. Le problème qui se pose à présent est celui de savoir si *l'Ethique* est la déduction d'une morale à partir d'un discours ontologique ou si elle est tout autre chose... Nous allons donc nous demander constamment : qu'est-il advenu de la Valeur qui constituait le point de départ de la démarche ? Et cette question sera toujours posée à partir de l'Etre qui était censé la fonder, c'est-à-dire qui n'était, dans le projet philosophique, que le moyen de donner un sens à l'existence ou même de dévoiler ce sens. L'étude de ce passage problématique de l'Etre à la Valeur suivra une progression qui ne perdra son apparence arbitraire qu'à la fin. Nous envisagerons successivement trois couples de valeurs traditionnelles en liaison avec le terme ontologique qui était censé les fonder à l'intérieur de cette tradition. Tout d'abord, le Parfait et l'Imparfait devraient être déduits d'un discours sur ce qu'est l'Etre : dans la démarche traditionnelle cette première définition de la Valeur se faisait dans les cadres de la théologie, à partir du moment où elle distinguait un être parfait « valant » plus qu'un être imparfait. Ensuite, le Vrai et le Faux devraient être déduits d'un discours sur ce qu'est la Pensée : cette deuxième déduction de la Valeur devant se faire à l'intérieur de ce que nous appellerons pour simplifier «la métaphysique» (en entendant par là un discours portant sur le domaine noétique et se situant par principe hors des catégories du sacré). Enfin, le Bien et le Mal devraient être déduits d'un discours sur ce qu'est l'Action : cette troisième déduction de la Valeur devrait se faire dans les cadres de la morale, celle-ci distinguant une action bonne « valant » davantage qu'une action mauvaise.

Nous répétons que cette progression de la théologie à la morale prend chez Spinoza un sens, capital pour notre propos, mais qu'il n'est pas possible de dégager pour le moment.

DEUXIEME PARTIE

LA PRISE D'ETRE COMME ABOLITION DE LA VALEUR

CHAPITRE PREMIER

L'A-THEOLOGIE

PAR-DELA LE PARFAIT ET L'IMPARFAIT

Le premier moment de la déduction traditionnelle d'une axiologie à partir d'une ontologie est celui qui se meut dans les catégories de Parfait et d'Imparfait. Ces catégories sont en quelque sorte les plus proches de ce fondement puisqu'elles constituent directement des qualifications (valorisations) de l'Etre lui-même. En même temps, elles constituent le premier degré de la déduction de la Valeur ; en effet, cette valorisation portant sur l'Etre de façon générale fondera par la suite les autres degrés de valorisation qui interviendront au niveau de la Pensée et de l'Action, c'est-à-dire des diverses formes que prendra l'anthropologie. L'application de ces valeurs traditionnelles au domaine qu'elles qualifient nous introduit dans le discours théologique : en efiet, les catégories de Parfait ou d'Imparfait conduisent directement à celles du sacré ou en sont la traduction ontologique. La théologie est une topologie qui définit des régions de l'Etre essentiellement différentes et hiérarchisées. Dans ce premier moment de ce qui devrait constituer une déduction de la Valeur à partir de l'Etre, c'est donc le rapport de Spinoza à la théologie qui est en question : c'est-à-dire la façon dont Spinoza passera ou non de l'Etre à une valorisation de certaines de ses régions. Le problème de cette valorisation doit être examiné à partir du début de l'Ethique, car c'est dès ce début que l'ontologie spinoziste se dessinera avec les caractéristiques qui rendront possible ou impossible un retour à la Valeur. Nous tâcherons de décrire — assez artificiellement — ce discours en l'envisageant tout d'abord dans ce qu'il affirme, puis dans ce qu'il nie, c'est-à-dire dans ce à quoi il s'oppose pour se constituer en tant que tel.

I. — LA POSITIVITE DE L'ETRE

A. — La positivité de l'Etre et son auto-affirmation :

Le discours sur l'Etre élaboré par le début de *l'Ethique* procède par l'identification de trois termes : la Cause de Soi, la Substance et Dieu. « Par cause de soi, j'entends ce dont l'essence enveloppe l'existence, autrement dit ce dont la nature ne peut être conçue qu'existante. » (E I - déf. 1). Ceci est une définition, c'est-à-dire une phrase désignant une essence ; nous ne devons, pour le moment, nous attacher qu'à la forme de cette définition, autrement dit à sa place et à son rôle au début de *l'Ethique*. Cette forme ne présuppose ni l'existence du terme défini, ni son unicité ou sa pluralité : elle ne fait que délimiter un domaine du discours, auquel il ne sera plus possible de donner un autre nom que celui de « Cause de Soi ». Spinoza précise lui-même ce rôle des définitions initiales: « Si je dis que chaque substance n'a qu'un seul attribut, c'est une simple proposition et une démonstration en est nécessaire. Mais si je dis : j'entends par substance ce qui se compose d'un attribut unique, la définition sera valable, pourvu qu'ensuite les êtres composés de plusieurs attributs soient toujours désignés par un autre nom que celui de substance. » (L. 9). Le halo quelque peu sacré entourant certains mots du vocabulaire traditionnel disparaît ainsi chez Spinoza — plus précisément, «pour Spinoza», mais non pour son lecteur. Notre tâche consistera à prendre conscience de cette falsification possible de la pensée qu'entraîne avec elle la conservation d'un certain vocabulaire. C'est ainsi que le mot «Dieu» renvoie le lecteur — nous devrons éclaircir cela par la suite — à tout ce à quoi Spinoza s'est précisément opposé. Ce terme a entraîné l'aberration suivante : les commentateurs se sont longuement demandé (face à une pensée qu'ils ne comprenaient pas parce qu'ils croyaient y comprendre un certain nombre de thèses juxtaposées) si Spinoza ne serait pas par hasard athée, ou panthéiste, ou gnostique... Face à cette réduction de Spinoza à des catégories traditionnelles, notre tâche sera de voir en lui un penseur nietzschéen, c'est-à-dire le philosophe de l'avenir, celui auquel notre modernité n'a pas encore eu accès parce qu'elle ne mérite pas cette pensée intempestive... Le domaine du discours délimité par le terme traditionnel de «Cause de soi » désigne un certain type d'absolu : l'absolu dans la série de la causalité. Il ne s'agit pas ici de la cause première que l'on est forcé de poser parce qu'il faut bien s'arrêter dans la remontée d'effet à cause. Il s'agit de l'intériorisation de cette relation, de sa circularisation, c'est-à-dire de son abolition ou négation dans sa plus haute affirmation : l'absolutisation de la relation de causalité supprime cette même relation qu'elle était censée fonder. Ce mode de suppression par recours au fondement est un des types de pensée que nous retrouverons à l'œuvre le plus souvent chez Spinoza, et qui constitue d'ailleurs le centre de perspective à partir duquel il nous a semblé nécessaire de le lire. La cause de soi désigne le lieu (l'absolu) sur lequel le Pourquoi au sujet de l'existence ne peut plus se poser : le lieu où la raison d'être se confond avec l'être. Prise en tant que pure définition, cette cause de soi ne fait donc que donner un nom au problème qui se pose ici : celui de la raison d'être, de la justification de l'existence. Ce problème ne sera résolu qu'à l'intérieur du discours partant des trois définitions et les identifiant. La deuxième définition qui entre en jeu possède les mêmes caractères, c'est-à-dire qu'elle ne postule ni l'existence ni l'unicité de ce dont elle parle (et formellement, sans se demander ce que Spinoza a « derrière la tête » quand il définit la substance, elle ne sait même pas « de quoi » elle parle). « Par substance, j'entends ce qui est en soi et est conçu par soi, c'est-à-dire ce dont le concept n'a pas besoin du concept d'une autre chose pour être formé. » (E I - déf. 3). Spinoza nomme le domaine sur lequel va porter son discours : il va porter sur des substances, c'est-à-dire un certain nombre de termes derniers dans le domaine de l'être. La remontée vers ce terme dernier coïncide avec l'atteinte d'un « ce que » absolu, car la substance est « ce qui est ». L'absolutisation se marque ici aussi par le terme « soi » qui désigne la circularité et l'auto-suffisance. Comme la Cause de Soi justifiait sa propre existence, la Substance justifie sa propre unité d'être : je sais que j'ai formé le concept d'une substance lorsque ce concept suffit à lui seul à rendre compte du domaine qu'il désigne, lorsque celui-ci n'est plus relatif à aucun autre domaine de l'Etre. L'Etre défini comme substance (quoi qu'il en soit pour le moment de l'unicité ou de la pluralité de celle-ci) suppose l'autonomie de ce qui est, c'est-à-dire son auto-position : une unité dernière de l'Etre, un « ce que » absolu, qui ne soit par rapport à rien d'autre ; une positivité qui ne soit telle par rapport à aucune négativité ou altérité. Ces deux absolus étant posés, Spinoza introduit le troisième terme qui conduira à l'unification des deux précédents : l'Infini, c'est-à-dire, dans le langage qu'il emprunte à son siècle, Dieu : « Par Dieu, j'entends un être absolument infini, c'est-à-dire une substance consistant en une infinité d'attributs, dont chacun exprime une essence éternelle et infinie.» Et il ajoute dans l'explication: « Tout ce qui exprime une essence et n'enveloppe aucune négation appartient à son essence. » (E I - déf. 6). La notion d'infini introduit le troisième type d'absolu : l'absolu dans l'essence. A ce niveau, Dieu est posé comme «une» substance dont l'existence est envisagée comme possible parmi d'autres substances. C'est néanmoins dans cette dernière notion que se complète cette positivité de l'Etre que nous avons prise pour centre de perspective. En effet, nous passons ici d'un « ce que » unique et isolé à un « tout ce que » qui englobe toute essence et qui exclut toute négation : c'est donc ici qu'entre vraiment en jeu l'absolue positivité de l'Etre. Celle-ci est d'ailleurs l'essence même de la notion d'infini : « Le fini est en partie une négation, et l'infini l'affirmation absolue de l'existence d'une nature quelconque... » (E I - 8 - sc. 1). Cette affirmation absolue est élevée à un second degré avec la définition de Dieu comme être « absolument infini ». Cette notion qui parachève la série des absolus appelle donc, de par la portée à laquelle elle prétend (le tout de l'Etre, l'affirmation absolue de l'Etre), un retour sur les notions de substance et de cause de soi, et leur reprise à l'intérieur de la nouvelle perspective introduite par l'infini. Ce retour est opéré dans les quinze premières propositions de *l'Ethique* comme une identification des trois notions. C'est la notion de substance qui fournit le point de départ, et les sept premières propositions conduisent à la première identification : entre substance et cause de soi. De la nature de la substance est tirée l'impossibilité de l'existence de deux substances de même nature ou attribut, donc l'impossibilité pour une substance d'être produite par une autre substance, « d'où il suit qu'une substance ne peut être produite par autre chose. Car, dans la Nature, il n'y a rien à part les substances et leurs affections...» (E I - 6 - coroll.). La première identification est ainsi atteinte par la proposition 7 : « Il appartient à la nature de la substance d'exister. » Toute substance est nécessairement cause de soi. Avec cette clôture sur soi de la causalité de l'Etre (défini comme substance) nous atteignons le premier caractère qui rendra impossible le maintien de l'ontologie spinoziste dans les cadres traditionnels qui lui ont donné naissance. L'ontologie classique s'efforçait de retrouver au bout de sa démarche les catégories essentielles de la théologie, ou feignait de les retrouver « par hasard » sans les prendre explicitement comme postulats ou limites au-delà desquelles la pensée ne pouvait plus se permettre d'être critique. L'une de ces notions qui permettaient à l'ontologie de retrouver les cadres du Parfait et de l'Imparfait, était celle de la Création : celle-ci impliquait la transcendance d'une cause transitive, c'est-à-dire celle d'un Dieu essentiellement Autre, qu'un abîme séparait de ses créatures (celui qui sépare le Parfait de l'Imparfait). L'impossibilité pour Spinoza d'accepter cette notion de création constitue le premier pas que nous lui voyons franchir hors de ces catégories traditionnelles de l'onto-théologie : celle-ci commençait par valoriser certaines régions de l'Etre pour fonder ainsi les valorisations « ultérieures » de la Pensée et de l'Action. Pour Spinoza, l'Etre ne peut avoir pour cause «quelque chose » qui se situerait hors de l'Etre : cette négation qui se formule en termes relativement neutres, implique en réalité une négation d'une tout autre portée. En effet, le « hors de l'Etre » équivaut pour cette ontologie traditionnelle à un « au-delà de l'Etre » possédant une valeur infiniment supérieure qui, seule, peut rendre raison de l'existence. Avec l'identification de la substance et de la cause de soi c'est une « thèse » éminemment révolutionnaire qui surgit chez Spinoza : l'Etre n'a pas besoin de justification extérieure ou supérieure à lui ; l'Etre est à lui-même sa propre raison d'être, ou plutôt il se situe par-delà cette catégorie. Le refus d'une transcendance théologique ou ontologique implique une auto-suffisance de l'Etre, que nous avons déjà vue à l'œuvre dans la notion de substance prise comme auto-affirmation.

Le deuxième mouvement d'identification nous conduit de la substance à Dieu. Et la notion qui permettra cette identification sera évidemment celle d'infini, puisque c'est avec elle qu'était apparue la définition de Dieu comme type particulier de substance. En un sens, l'identification de Dieu et de la substance est déjà faite avec la proposition 8, c'est-à-dire à partir du moment où il a été établi que « toute substance est nécessairement infinie. » La finitude d'une substance correspondrait en effet à sa limitation par une autre substance de même nature (essence ou attribut) : ce qui a été posé comme impossible. Cette infinité de la substance est l'équivalent de son existence nécessaire : l'existence par soi (qui vient compléter l'existence en soi telle que la posait la définition de la substance) implique une auto-affirmation de l'Etre et une autonomie qui ne souffrent aucune limitation. L'existence en soi et par soi ne se conçoit que comme puissance absolue d'exister, infinie puissance d'être. « Et de là nous pouvons encore conclure d'autre manière qu'il ne peut y avoir qu'une substance unique de même nature. » (E I - 8 - Sc. 2). L'infinité et l'unicité de la substance sont donc conclues toutes deux de la seule proposition 7, c'est-à-dire de l'identification de la substance et de la cause de soi. En effet, la pluralité d'existence d'individus de même nature n'a pas pour cause cette même nature, mais doit avoir une cause extérieure qui détermine les modalités d'existence de ces individus sans modifier leur essence. La substance étant cause de soi, son existence ne peut être conclue d'une cause extérieure, mais « doit être conclue de sa seule définition ». Or «nulle définition n'enveloppe et n'exprime aucun nombre déterminé d'individus, puisqu'elle n'exprime rien d'autre que la nature de la chose définie. » L'existence d'une substance découle de sa seule définition ; de cette définition ne peut découler l'existence de plusieurs substances : « il s'ensuit donc nécessairement qu'il n'existe qu'une seule substance de même nature. » (E I - 8 - Sc. 2). Mais ce résultat n'est que signalé au passage dans un scolie. Spinoza reprend sa démonstration en l'ignorant volontairement. Il n'a en effet introduit la proposition 8 que pour nous amener à l'identification de la substance - cause de soi avec Dieu, et il a quelque peu anticipé cette identification en nous signalant qu'il ne peut exister qu'une seule substance de même nature. Un pas reste à franchir pour réaliser cette identification : nous savons qu'il n'existe qu'une seule substance de même nature, et que chaque substance est infinie dans son genre (essence ou nature). Pour le moment, Dieu n'est conçu que comme une substance parmi les autres, substance ayant le privilège d'être absolument infinie. Spinoza annonce alors que les propositions suivantes vont montrer « qu'il n'existe dans la Nature qu'une substance unique, et qu'elle est absolument infinie. »(EI - 10 - Sc.). Telle est la thèse dernière de l'ontologie spinoziste ; et cette thèse sera entièrement démontrée avec la proposition 15. Nous vérifions donc que — comme le dit Gilles Deleuze (*Spinoza et le problème de l'expression*) — l'Ethique ne « commence pas par l'idée de Dieu mais y arrive très vite ». Et cette rapidité répond au projet même de Spinoza tel qu'il l'avait esquissé dans le *Traité de la Réforme de l'Entendement* : « Nous devons procéder de la façon la moins abstraite qu'il se peut, commencer dès que possible par les éléments premiers, c'est-à-dire la source et l'origine de la Nature...» (§ 75). « Il nous faut chercher aussitôt que possible — c'est la raison qui l'exige — s'il existe un Etre et quel il est, Etre qui soit cause de toutes choses de sorte que son essence objective soit aussi cause de toutes nos idées.» (§ 99). *L'Ethique* commence donc avec la proposition 15. Acheminons-nous vers ce commencement, c'est-à-dire vers l'unicité et l'infinité de l'Etre... Dieu existe nécessairement puisqu'il est « une » substance, et que la substance a déjà été identifiée à la cause de soi. Telle est la démonstration axiomatique découlant des définitions et des propositions précédentes, c'est-à-dire de la logique du discours spinoziste. Mais Spinoza ajoute trois autres démonstrations moins brutales qui explicitent « la même chose » sous des formes plus traditionnelles : par l'absence de cause l'empêchant d'exister, par l'existence du fini, et par la puissance d'exister (proportionnelle à la réalité ou essence de la chose). Nous savons donc que Dieu est l'être absolument infini qui existe nécessairement : si l'on suppose une substance autre que Dieu (extérieure à lui), son essence s'exprimera nécessairement par un attribut de Dieu (substance consistant en une infinité d'attributs) ; il y aurait donc deux substances de même attribut, ce qui est absurde : « nulle substance en dehors de Dieu ne peut être.» D'autre part, si une autre substance pouvait être conçue, elle devrait nécessairement être conçue comme existante : « Donc, en dehors de Dieu, nulle substance ne peut être conçue

». (E I - 14). Dieu n'est plus « une » substance consistant en une infinité d'attributs, il est « la » substance ; car cet « absolument infini » exclut, tout en les englobant, tous les autres « infinis en leur genre » que l'on peut concevoir. L'ontologie spinoziste est achevée, c'est-à-dire que l'Ethique elle-même est achevée, dès son départ : il ne sera pas question par la suite d'effectuer des sauts métaphysiques ou de passer du savoir à la croyance. L'unicité et l'absolue infinité de l'Etre vont simplement devoir développer toutes leurs implications — et même pas toutes, car Spinoza passera immédiatement à l'homme et ne s'intéressera à la physique que dans ce qu'elle peut apporter à l'anthropologie. Il avertit lui-même dans le « chapeau » de la II° partie de l'Ethique : « Je passe maintenant à l'explication des choses qui ont dû suivre nécessairement de l'essence de Dieu, autrement dit de l'Etre éternel et infini : non pas de toutes, cependant, car nous avons démontré par la proposition 16 de la première partie que de cette essence devaient suivre une infinité de choses en une infinité de modes ; mais de celles-là seules qui peuvent nous conduire comme par la main à la connaissance de l'Esprit humain et de sa béatitude suprême. » Ce développement de ce qui est impliqué dans la positivité absolue de l'Etre commence avec les deux corollaires de la proposition 14 : « Dieu est unique, c'est-à-dire que dans la Nature il n'est qu'une seule substance, et qu'elle est absolument infinie (...) La chose étendue et la chose pensante sont ou des attributs de Dieu, ou des affections des attributs de Dieu. » Et l'identification de l'Etre et de ce que Spinoza a appelé Dieu (appellation volontaire et donc en un sens arbitraire) est affirmée dans la proposition 15 : « Tout ce qui est, est en Dieu, et rien, sans Dieu, ne peut ni être ni être conçu. » Le scolie de cette proposition répond aux objections émises par les partisans de la thèse créationniste : pour Spinoza la substance étendue ne peut être qu'un des attributs infinis de l'Etre, et non une substance créée (« concept » contradictoire) et extérieure à son créateur. Les théologiens qui acceptent le combat et soulèvent des objections contre ce qu'ils qualifient de «panthéisme» n'ont pas compris que la lutte était insensée parce que Spinoza ne parlait pas de Dieu mais de l'Etre : il aurait pu choisir un tout autre mot pour désigner l'absolue positivité de celui-ci ; et si son choix s'est arrêté sur ce mot, c'est peut-être uniquement parce qu'il était le seul à approcher, au XVII° siècle, l'absolue infinité de cette affirmation de soi et de cette auto-suffisance à laquelle Spinoza s'est heurté comme à une évidence première et irréductible. Seul le mot « Dieu » peut laisser croire à une confrontation possible entre Spinoza et la théologie, c'est-à-dire à l'existence d'un terrain commun à l'intérieur duquel se distinguerait la thèse spinoziste comme thèse originale. Ce mot ne peut en réalité conserver le même sens, car le système à l'intérieur duquel il prend lui-même son propre sens est refusé en tant que tel par Spinoza. Le langage théologique se meut à l'intérieur des catégories de Parfait et d'Imparfait, c'est-à-dire dans une « polarisation » ou hiérarchisation des régions de l'Etre, où Dieu se définit comme l'étant le plus étant, par lequel les autres « ont » l'être. C'est ce langage lui-même, cette valorisation des êtres qui apparaît comme absurde et insensée dès qu'apparaît l'ontologie spinoziste, c'est-à-dire dès qu' est posée l'absolue positivité de l'Etre comme auto-suffisance. L'abolition de la Valeur surgit ici sous sa première forme : elle se présente dans le domaine qui devait servir de fondement précisément à l'édification ultérieure de cette Valeur, le domaine de l'Etre. Et ce premier moment de l'abolition est particulièrement important, car le projet de fonder la Valeur dans l'Etre passait nécessairement par une esquisse de valorisation directe de ce domaine fondamental lui-même : une action pourra-t-elle valoir plus qu'une autre, si un être ne vaut pas plus qu' un autre ?... Contentons-nous pour le moment de tirer au clair ce refus des catégories de Parfait et d'Imparfait qui sous-tendaient l'onto-théologie traditionnelle.

B. — L'abandon du langage de valorisation de l'Etre : Perfection et Réalité.

« Par réalité et perfection, j'entends la même chose. » (E II - déf. 6). Le scandale contre lequel ont essayé de lutter toutes les forces du ressentiment se présente ici avec la naïveté (voulue ?) que Spinoza adopte parfois pour énoncer les conséquences les plus révolutionnaires de sa pensée. C'est cette simplicité (ironique ?) que nous retrouvons deux pages plus loin : «L'étendue est un attribut de Dieu, autrement dit Dieu est chose étendue (...) La démonstration de cette proposition est identique à celle de la proposition précédente. » (E II - 2)... Dans la première partie de l'Ethique Spinoza n'avait pas explicité le contre-sens qu'il commettait délibérément sur le sens traditionnel du terme « perfection » ; mais l'abolition de ce sens se dessinait déjà dans l'extension qu'il lui accordait : « Les choses n'ont pu être produites par Dieu autrement qu'elles ne l'ont été, ni dans un autre ordre. » (E I - 33). « Les choses ont été produites par Dieu selon une perfection suprême, puisqu'elles ont nécessairement suivi d'une nature souverainement parfaite. » (Sc. 2). L'ambiguïté introduite par la notion de production est ici levée par la fin de la phrase ; mais le terme « perfection » pourrait aisément être pris dans le sens traditionnel s'il n'était étendu à la totalité de l'Etre. En effet, cette qualification ne conserve sa signification que par opposition à une autre région de l'Etre qualifiée d'imparfaite. La synonymie entre Perfection et Réalité, qui semble au départ n'être qu'une louange anodine à l'égard de la création divine, constitue en fait l'abolition radicale de tout langage valorisant sur l'Etre. Et ce passage de l'apparence à la réalité est nettement marqué dans l'Appendice de la première partie : « La matière ne lui a pas fait défaut pour créer toutes choses, depuis le plus haut degré de perfection jusqu'au plus bas, ou, pour parler avec plus d'exactitude, les lois de la Nature elle-même ont été assez amples pour suffire à la production de tout ce qui peut être conçu par un entendement infini.» L'expression soulignée par nous ne marque pas une autre manière de dire «la même chose», mais un changement radical de perspective : le premier membre de phrase nous présente la totalité de la création hiérarchisée et dépendant de l'être le plus parfait ; le second membre nous met au centre de cette absolue puissance d'exister qui s'exprime dans une infinité de modes tous égaux en ce sens qu'ils sont tous « l'Etre en tant que modifié et déterminé ». L'infinie diversité des étants n'est plus orientée : chacun d'eux est parfait en tant qu'il est réellement ; et si tout est parfait, c'est que le mot « parfait » n'a plus de sens, ou qu'il n'est qu'une autre façon de nommer l'Etre, la réalité et la puissance infinies qui se manifestent dans l'existence même de ce que l'onto-théologie traditionnelle appelait le plus bas des êtres. Le scandale naît ici de ce que Spinoza est obligé de conserver les mêmes mots pour justement pouvoir heurter ses contemporains sur un terrain commun. Il s'empare du mot Perfection qui jusqu'ici jugeait l'existant d'un point de vue moral, et lui fait signifier l'absence de jugement, le refus de tout point de vue sur l'Etre : la Perfection désigne désormais la pure réalité, l'essence ou la nature de la chose, la simple positivité de l'Etre. Cet Etre qui, dans le projet philosophique, devait fonder la Valeur, se trouve à présent exclure définitivement les catégories de Parfait et d'Imparfait qui seules pouvaient constituer le commencement de cette valorisation.

Dans la thèse capitale que Spinoza reprend continuellement tout au long de l'*Ethique* et de sa correspondance («par réalité et perfection, j'entends la même chose »), le Parfait et l'Imparfait sont abolis dans ce qui devait leur servir de fondement : l'Etre. Cette thèse introduit une véritable philosophie de l'Etre comme substance : négativement, celle-ci se caractérise par le refus de tout point de vue, de toute mise en relation, de toute perspective. La positivité de l'Etre, à laquelle nous avait amenés le début de l'*Ethique*, ne sera pas un simple premier moment permettant de fonder le moment suivant qui seul importerait (puisqu'il introduirait la Valeur) : l'Etre n'admet pas de jugement de valeur porté sur lui, car ce jugement serait nécessairement porté à partir d'un point de référence et selon un critère extérieurs à lui, et l'Etre n'admet ni critère ni point de référence extérieurs à lui. L'Etre est son propre critère : « Tout ce qui est, considéré en soi et non en relation à quoi que ce soit d'autre, implique une perfection exactement mesurée par son essence ; car la perfection précisément n'est pas discernable de l'essence. » (L. 19). Une ontologie qui parle à partir d'un point de vue sur l'Etre ne parle donc plus de l'Etre, c'est-à-dire qu'elle n'est plus ontologie mais théologie. Ce discours ne retrouve miraculeusement la Valeur à partir de l'Etre que parce qu'il l'y avait déjà introduite a priori en n'acceptant pas d'autre langage que celui du Parfait et de l'Imparfait. Le langage théologique est insensé : il ne porte pas sur l'Etre (il ne sait pas ce qu'est l'Etre, ou l'a toujours déjà décidé, ce qui revient au même), mais sur un domaine fictif qu'il s'est lui-même construit à partir de ses propres catégories. « La perfection et l'imperfection ne sont en réalité que des modes de penser, des notions que nous avons l'habitude de construire en comparant entre eux des individus de même espèce ou de même genre.» (E IV - Préface). La philosophie de Spinoza est tout entière, sous son aspect négatif, dans cette lutte contre la fiction et l'abstraction, contre le point de vue arbitraire parce que relatif. La même exigence qu'il opposera à ceux qui veulent édifier une morale a priori — qui prétendent fournir un sens à l'existence sans savoir de quoi ils parlent —, il l'oppose ici à ceux qui prétendent déchiffrer dans l'Etre même une hiérarchie, une série de régions orientées autour de notre point de référence. Spinoza s'insurgera plus tard contre ceux qui décident de ce que doit faire l'homme alors que « personne n'a jusqu'ici déterminé ce que peut le corps.» (E III - 2 - Sc.). De même, il s'élève ici contre ceux qui établissent qu'une région de l'Etre vaut plus qu'une autre, alors qu'ils ne savent même pas ce qu'est l'Etre.

L'identification de la Perfection et de la Réalité n'est donc pas une « thèse originale » qui s'inscrirait parmi les diverses tentatives de théodicée constituant le fond inavoué de tout discours théologique. Ce n'est pas toute réalité qui est parfaite : c'est le mot Perfection lui-même qui perd tout le sens que lui donnait la perspective valorisante dans laquelle il s'opposait à l'Imperfection. En supprimant de son ontologie le mot Imperfection, Spinoza ôte à son contraire toute son auréole. Et, en quelque sens que l'on prenne sa formule, c'est toujours la même révolution qu'elle introduit dans la pensée. En un premier sens, celle-ci peut signifier que toute réalité est parfaite, ce qui revient à dire que plus rien ne peut être dit parfait, ou que ce qualificatif n'a plus de sens. En un second sens, Spinoza lui fait signifier le plus souvent que la « perfection » d'une chose n'est que sa positivité d'être, son essence, sa réalité : « Par perfection en général, j'entendrai, comme je l'ai dit, la réalité, c'est-à-dire l'essence d'une chose quelconque en tant qu'elle existe et produit un effet d'une certaine façon.» (E IV - Préface). Ce deuxième sens caractériserait assez bien l'orientation générale de l'ontologie spinoziste : celle-ci s'est en effet attachée à la seule positivité de l'Etre qu'elle a caractérisé comme auto-suffisance et affirmation absolue de soi. Le caractère arbitraire et fictif de tout discours qui parle sur l'Etre à partir d'un point de vue est apparu comme résultant nécessairement de cette positivité même. Tout langage valorisant introduit le relatif et l'abstrait au sein de l'absolu qui seul est concret... Mais Spinoza exprime le plus souvent cette positivité de l'Etre par l'intermédiaire de la démystification des diverses illusions qui découlent de ce point de vue valorisant sur l'Etre. Ces illusions constituent le fond du discours onto-théologique qui « juge l'existant d'un point de vue moral »: elles portent essentiellement sur le Dieu transcendant, sur la Finalité et sur l'imperfection de la Finitude. Et à travers chacune d'elles, Spinoza critique le même point de vue qu'il définit comme anthropomorphisme.

II. — LES ILLUSIONS ONTO-THEOLOGIQUES

A. — *L'illusion du Dieu transcendant* :

Le « Dieu » de Spinoza est tout autant défini par ce à quoi il s'oppose que par sa propre positivité. Or, ce à quoi il s'oppose, c'est la Transcendance, que Nietzsche caractérisera comme «l'illusion de l'arrière-monde». La finitude, posée par la théologie comme imperfection radicale, est condamnée au nom de cet arrière-monde, de cette perfection d'où lui vient l'être. L'au-delà est le seul ennemi de Spinoza, le seul qu'il ait jugé digne de combattre, parce qu'il était le seul à apporter une «réponse » au problème de la philosophie : le problème du sens et de la valeur. Dans cette perspective, tout ce qui peut donner sens à l'existence s'éloigne de cette même existence, stigmatisée comme ne pouvant pas se fonder elle-même en valeur, et se réfugie dans l'au-delà qui prend avec le judéo-christianisme le visage du Dieu personnel. Tel est donc le domaine le plus évident sur lequel il faudra d'abord chercher à déraciner la mystification de la Valeur : le Dieu de la religion étant le premier juge transcendant de l'homme, il faut l'éliminer. La démystification de ce premier terrain de l'illusion valorisante passe par une mise à jour de son origine, démarche qui s'apparente (à condition que l'on accepte de reconnaître des « races » de pensée et non plus des doctrines) à celles de Feuerbach ou de Nietzsche. En elfet, tout au long du *Tractatus theologico-politicus* et de sa correspondance, Spinoza ne cesse d'affirmer que la religion révélée est une superstition : ayant défini l'origine de la superstition en général, il a par là-même défini celle de la religion comme cas particulier : «Nous sommes disposés par nature à croire facilement ce que nous espérons, et difficilement au contraire ce que nous craignons (...). C'est là l'origine des Superstitions qui provoquent partout la lutte entre les hommes. » (E III - 50 - Sc.). Toute transcendance est donc la réification d'une aspiration : le Dieu transcendant est par conséquent la projection dans l'au-delà de tout ce que l'homme n'est pas capable d'être lui-même. Il s'agit donc d'un anthropomorphisme dans lequel chaque « attribut » divin est un attribut humain porté à l'infini de puissance et de perfection. Cette thèse est soutenue tout au long des lettres à Blyenbergh : «L'Ecriture sacrée parle de Dieu en langage anthropomorphique et s'exprime en paraboles. » (L. 21). « La théologie représente Dieu fréquemment et sans ambiguïté comme un homme parfait. » (L. 23). Telle est donc l'essence du Dieu transcendant : tout ce que l'homme n'a pas eu la force d'être lui-même et qu'il pose, non plus comme ce à quoi il doit aspirer, mais comme la perfection déjà réalisée qui juge son imperfection. Cette généalogie du Dieu personnel explique désormais toutes les absurdités dans lesquelles la théologie est tombée en voulant réconcilier et même identifier cette fiction anthropomorphique et les concepts de l'ontologie. Les postulats de la transcendance et de la personnalité entraînent tout d'abord la thèse créationniste : le monde étant le lieu même de l'imperfection, il ne peut tenir son être de lui-même, mais doit le tenir de Dieu. N'étant pas parfait, il doit être fini dans l'espace et dans le temps : Kant le sentira bien, lui qui, après avoir longuement montré que l'antithèse de la première Antinomie avait la même valeur logique que la thèse, « inclinera » néanmoins vers la thèse finitiste, parce que celle-ci rend possible la religion comme postulat de la morale... Mais le concept de commencement du monde est encore moins absurde que les diverses tentatives faites pour fournir une « raison » à cette création : Dieu étant en effet personnel, ces raisons ne peuvent être que des motivations. Le Dieu transcendant ayant un entendement et une volonté, il doit concevoir le monde, puis vouloir le créer pour une certaine raison qu'il conçoit elle aussi, et enfin le créer. Même si l'on affirme très haut l'identité de ces trois actes, l'anthropomorphisme initial conduira nécessairement à distinguer par la pensée ces trois composantes. La notion de motivation se transforme alors en celle de « but de la création» (nous aurons à revenir sur l'illusion de la finalité : contentons-nous pour le moment de décrire ces buts). Le Dieu transcendant devant être non seulement le créateur de l'Etre mais aussi celui de la Valeur, la théologie s'empresse ici d'accaparer un Platon revu et corrigé, et, le Bien ne pouvant plus être à l'origine de l'Etre, il devient ce en vue de quoi Dieu crée. Et Leibniz ne fait que pousser cette «logique » jusqu'au bout d'elle-même lorsqu'il présente Dieu amenant à l'être «le meilleur » parmi l'infinité des possibles.

L'anthropomorphisme est ici tellement flagrant que Spinoza reconnaît que la conception cartésienne de la création est moins absurde : « Cette opinion, qui soumet toutes choses à une volonté indifférente de Dieu et admet qu'elles dépendent toutes de son bon plaisir, s'écarte moins de la vérité que l'opinion de ceux qui admettent que Dieu agit en tout en vue du bien. Car ceux-ci semblent poser en dehors de Dieu quelque chose qui ne dépend pas de Dieu, sur quoi Dieu, en agissant, porte son attention comme sur un modèle, ou vers quoi il tend comme vers un but déterminé. » (E I 33 - Sc. 2). Cet aveu, unique dans l'œuvre de Spinoza, nous fournit un précieux renseignement sur le véritable sens de la « nécessité » de l'Etre. Cette nécessité est plus proche de la cohérence interne d'un système lui-même irrationnel (c'est-à-dire existant par l'effet de ce que nous appelons la contingence) que de la rationalité d'un être ayant une raison d'être extérieure à lui : l'Etre n'a pas de raison d'être, ou il est à lui-même sa propre raison d'être, ce qui revient au même. La « rationalité » de l'Etre est une rationalité de fait : nous pouvons en avoir une idée adéquate parce que notre esprit est un mode de la pensée, c'est-à-dire une détermination de cet Etre lui-même. Mais l'esprit humain n'est en aucun cas un absolu auquel l'Etre s'accorderait par une harmonie préétablie : il n'y a pas de rationalité voulue, ayant son origine dans une bonté suprême. Les conséquences morales de cette démystification de l'illusion du Dieu transcendant sont irréversibles : la valeur morale ne pourra plus désormais s'appuyer sur le Dieu juste qui souffre du mal. Ce langage hautement anthropomorphique est encore plus absurde pour Spinoza que celui de la création — et même pas absurde, incompréhensible : « Parlant en philosophe, je ne comprends pas ce que vous voulez dire par les mots : Dieu approuve. » (L. 23). « Non content d'affirmer que la faute n'est rien de positif, j'affirme en outre qu'on parle improprement et de manière anthropomorphique, quand on dit que l'homme commet une faute envers Dieu ou qu'il offense Dieu.» (L. 19). La théologie se facilitait la tâche (qui consistait à fonder la morale). Elle plaçait la Valeur comme toujours déjà réalisée dans l'au-delà, et le problème proprement philosophique disparaissait ainsi dès l'abord, puisque Dieu était à la fois origine de l'Etre (créé par lui) et de la Valeur (puisqu'il était lui-même essentiellement « bon »). Le premier moment du refus spinoziste est celui du refus de cette transcendance qui résout « facilement » tous les problèmes parce qu'elle évite précisément de les poser. A partir de ce refus, le vrai problème, le problème philosophique, se pose à nouveau avec encore plus d'acuité. Le Dieu personnel est insensé : il est le langage de l'homme qui refuse de se poser la question du sens. Mais, cette illusion lénifiante et simplificatrice une fois supprimée, la Valeur parviendra-t-elle encore à se fonder ? L'Etre dans son absolue positivité va-t-il laisser se poser à son sujet la question du sens ? La déduction de la Valeur, extrêmement facile pour la tradition — parce que celle-ci a déjà introduit subrepticement la Valeur dans ce qui devait la fonder — ne va-t-elle pas devenir impossible à partir du moment où l'on exclut de l'ontologie les catégories de la perfection ?...

Avant d'envisager les conséquences qu'entraîne cette première démystification du Dieu transcendant et personnel, nous allons nous arrêter un instant sur une question d'appellation : et ceci pour deux raisons. Tout d'abord, la question de la définition des mots employés est capitale pour Spinoza lui-même ; et ensuite, les historiens de la philosophie ont toujours été inquiets face à un auteur tant qu'ils ne l'ont pas classé dans leurs rayons sous une étiquette : un auteur non-classé est dangereux, car on ne sait jamais ce qu'une interprétation tendancieuse pourrait en tirer. Le premier problème porte sur l'expression « Deus sive Natura ». Spinoza a lui-même prévu la bataille à coups d'étiquettes qui allait se livrer au sujet de ce « sive », et il nous prévient : « Toutes choses sont en Dieu (...) Cependant, quand on suppose que le *Tractatus theologico-politicus* s'appuie sur l'unité et l'identité de Dieu et de la Nature (par quoi l'on entend une certaine masse ou matière corporelle), on se trompe sur toute la ligne. » (L. 75). La Pensée exprime tout aussi bien l'essence de l'Etre que l'Etendue. Les qualifications de « matérialisme » ou de « spiritualisme » sont ici complètement insensées, car elles n'acquièrent leur sens qu'en posant la prééminence d'un attribut sur l'autre. Non seulement il n'y a pas subordination, mais il n'y a même pas parallélisme : il y a identité. L'étendue corporelle exprime la même puissance d'être que la pensée. L'expression « Deus sive Natura » n'est pas une profession de foi matérialiste ; elle ne fait que rappeler que Spinoza n'a conservé le terme Dieu que parce qu'il approchait le plus de ce que Spinoza voulait signifier : l'absolue positivité de l'Etre. Ce sens que prend le mot Dieu nous permet de résoudre la seconde question d'étiquettes : Spinoza est-il panthéiste ou athée ? Spinoza s'est souvent défendu de l'accusation d'athéisme : mais la lettre 43 nous renseigne sur le sens que prenait au XVII° siècle cette accusation, et donc sur ce que voulait dire Spinoza lorsqu'il refusait ce qualificatif : « Les athées ont l'habitude de rechercher par-dessus tout les honneurs et les richesses, choses que j'ai toujours méprisées. » La tradition athée du XVII° siècle est essentiellement celle du «libertinage » des grands seigneurs, c'est-à-dire une contestation superficielle et partielle d'un système dont ils continuent à profiter. C'est l'athéisme de mœurs opposé à l'athéisme de système, c'est-à-dire celui qui fait s'écrier à Alexis Karamazov : « Si Dieu n'existe pas, alors tout est permis !...» Cet athéisme-là est un nihilisme partiel qui ne fait que supprimer un élément du système sans abolir ce système lui-même : chez lui, Dieu est simplement absent, et non aboli. C'est un nihilisme qui ne va pas jusqu'au bout de lui-même et de ses propres implications. L'athéisme que Spinoza refuse est cet athéisme de façade qui n'accomplit pas jusqu'au bout la suppression de la transcendance. Il s'agit pour Spinoza de refuser le langage de la théologie, celui qui introduit les catégories morales à l'intérieur du discours ontologique. L'auto-suffisance de l'Etre (l'absence de besoin de justification à son niveau) est une conséquence de l'alternative spinoziste : l'Etre est absolu ou n'est pas. L'Etre ne peut être qu'absolue positivité ; et l'existence du moindre brin d'herbe suppose cette infinie affirmation de soi. Le langage de la transcendance qui supposait l'insuffisance de l'Etre, c'est-à-dire qui posait à son sujet la question de la justification, est insensé. Spinoza est athée : la polarisation de l'Etre vers une source par laquelle il serait ne signifie rien. La transcendance, en tant qu'elle est censée répondre à la question Pourquoi au sujet de l'Etre, suppose la dépendance de l'Etre, c'est-à-dire qu'elle n'a pas pensé celui-ci. Telle est donc la signification dernière de cet athéisme : la théologie ne pense pas l'Etre, elle l'imagine c'est-à-dire le forge artificiellement. Quant au panthéisme, il est une simple modification de ce système de valorisation de l'Etre. Dire que tout ce qui existe est divin n'est pas, comme on l'a souvent prétendu, un athéisme caché: c'est le résultat d'un conflit entre la nécessité de poser une transcendance valorisante et l'impossibilité de réduire cette transcendance à un Dieu personnel. Le panthéisme est une vision morale de l'Etre qui n'ose pas se donner les moyens de sa propre réalisation. Dire que Spinoza est panthéiste c'est oublier que son « Deus sive Natura » n'est qu'une autre façon d'identifier Perfection et Réalité, c'est-à-dire d'exclure de l'ontologie tout langage valorisant. D'ailleurs, ne serait-ce que sur le plan de la pure expression, et en conservant au terme Dieu son sens traditionnel, Spinoza ne dit pas que toutes choses sont Dieu (divines), mais que « toutes choses sont en Dieu », c'est-à-dire sont dans l'Etre et manifestent son infinie puissance d'exister. Panthéisme et théisme relèvent tous deux de l'imagination théologique... Quant aux autres illusions onto-théologiques, elles sont des conséquences de cette première fiction et ont comme elle leur origine dans l'anthropomorphisme de ce langage valorisant.

B. — *L'illusion de la Finalité* :

Ce que l'on a l'habitude de nommer finalité externe » est directement lié à la thèse de la transcendance et de la création. En effet, le premier postulat de cette thèse était que l'Etre n'est pas auto-suffisant, et qu'il faut nécessairement lui chercher une raison d'être, une justification. A partir du moment où cette nécessité de justification était acceptée, la question devait être posée pour chaque nouvelle raison apportée : et tout d'abord, c'est la création elle-même qui exige sa propre justification. Pourquoi Dieu a-t-il créé ? La personnalisation du créateur entraîne la transformation de la première question : dans quel but Dieu a-t-il créé ? L'introduction dans l'Etre d'une causalité transitive qui amène à l'être, implique l'introduction complémentaire d'une causalité finale constituant l'autre face du Pourquoi. Quoi qu'il en soit de la nature de cette seconde causalité, celle-ci suppose la possibilité de lire un dessein sous l'apparente incohérence du monde. L'introduction de la Valeur au sein même de l'Etre fait donc ici un pas de plus : c'est le monde lui-même qui a un sens, qui est cohérent et ordonné. Mais ce sens qui le justifie, qui en rend raison, lui est imposé de l'extérieur : il lui vient d'une transcendance par laquelle il a être et sens, et qui est donc supérieure à lui dans le cadre même de cette échelle de valeurs. Le préjugé contre lequel va lutter Spinoza a donc fondamentalement la même origine que le précédent : il est lié d'une part à la transcendance et d'autre part à l'anthropomorphisme. Ce sont ces deux composantes que nous allons essayer de dégager de la critique que fait Spinoza de la notion de finalité (critique principalement développée dans l'Appendice de la I° partie de *l'Ethique*, et dans la Préface de la IV° partie). «Les hommes supposent communément que toutes les choses naturelles agissent, comme eux-mêmes, en vue d'une fin, et bien plus, ils considèrent comme certain que Dieu lui-même dispose tout en vue d'une certaine fin. » (E I - Appendice). Le premier mouvement de cette critique est une recherche de l'origine ou de la généalogie de ce préjugé : l'homme, cherchant l'utile qui lui est propre, est amené à ne plus considérer les choses dont il se sert comme des objets indifférents, mais comme des moyens pour sa propre utilité. C'est ainsi qu'il passe subrepticement de la constatation: « Je vois parce que j'ai des yeux », à la valorisation par la finalité : « J'ai des yeux pour voir », et à la position de la transcendance comme origine de ce but et de cette utilité : «Dieu m'a donné des yeux afin que je voie ». La transcendance apparaît donc ici comme une conséquence nécessaire de la perspective anthropomorphique que l'homme a prise sur l'Etre : l'introduction de la valorisation de l'Etre par cette finalité se confond avec l'introduction du point de vue humain sur l'Etre même. Après le dévoilement de cette origine, le second mouvement de la critique montre l'absurdité même de cette notion de finalité. Cette absurdité est évidente, même à l'intérieur de la thèse qui pose le Dieu transcendant et personnel : la critique n'a même pas besoin de sortir de ce système de «pensée » et d'employer des catégories extérieures ; il suffit qu'elle en dégage les implications et qu'elle le laisse sombrer dans ses propres contradictions. Le fond de cette absurdité est l'incompatibilité entre deux thèses que la théologie veut maintenir ensemble : la personnalité divine et sa perfection suprême. La finalité est une conséquence directe de la première thèse mais, sitôt posée, elle contredit la seconde : « Cette doctrine détruit la perfection de Dieu : car, si Dieu agit en vue d'une fin, il désire nécessairement quelque chose dont il est privé. » (E I - Appendice). La théologie ne peut lever cette contradiction qu'en la masquant sous le voile du « mystère », de l'incompréhensible divin. Et nous retrouvons cette attitude théologique jusque chez Descartes, avec sa mystérieuse conciliation entre la prédestination divine et le libre-arbitre humain. Cette réduction « non à l'impossible mais à l'ignorance » se retrouve d'ailleurs dans la répétition nécessaire de la question Pourquoi. Nous avons déjà vu que la question de la justification une fois posée au sujet de l'Etre ne pouvait que se répéter indéfiniment pour chaque « raison » elle-même : cette exigence doit nécessairement porter sur toute réponse qui prétend la satisfaire ; la série des « raisons d'être » une fois amorcée ne peut plus logiquement se clore. Et c'est pourtant ce que prétend faire le discours théologique. Voulant justifier chaque événement de la série et voulant justifier le tout de la série, le théologien est conduit à rompre cette série et à l'achever dans un pseudo-absolu qui est censé fonder cette finalité: « la volonté de Dieu, cet asile de l'ignorance ». Cette raison dernière dévoile donc du même coup l'origine de ce besoin de justification : l'anthropomorphisme. Et toutes les notions qui découlent de celle de finalité (l'ordre et le désordre, la beauté et la laideur...) portent également la marque de cette origine. « Tout cela montre assez que chacun a jugé des choses selon la disposition de son cerveau, ou plutôt a considéré comme les choses elle-mêmes les affections de son imagination (...) Toutes les notions que le vulgaire a l'habitude d'utiliser pour expliquer la Nature ne sont que des façons d'imaginer, et ne révèlent la nature d'aucune chose, mais seulement la constitution de l'imagination. » (E I - Appendice). La finalité est donc la projection sur l'Etre en soi des catégories que l'homme croit tirer de sa propre expérience. Tout l'effort de Spinoza consiste à refuser d'envisager l'Etre en se plaçant à l'intérieur de cette perspective humaine ou même de toute perspective en général : de même que l'Etre était sa propre raison d'être, il doit devenir sa propre perspective ; il doit être envisagé à la fois comme en soi et comme pour soi. Cette auto-suffisance et cette positivité absolue étaient déjà en quelque sorte impliquées dans la qualification de « par soi » que le début de l'Ethique avait affirmée. La préface de la

° partie met d'ailleurs en rapport cette critique de la finalité avec la positivité de l'Etre: « La Nature n'agit pas en vue d'une fin ; car cet Etre éternel et infini, que nous appelons Dieu ou la Nature, agit avec la même nécessité qu'il existe. C'est, en effet, par la même nécessité de nature qu'il existe et qu'il agit (...) Donc, la raison, autrement dit la cause, pour laquelle Dieu ou la Nature agit, et qui le fait exister, est unique et identique. Ainsi, puisqu'il n'existe en vue d'aucune fin, il n'agit non plus en vue d'aucune fin ; mais, de même qu'il n'a aucun principe ou fin d'exister, il n'en a aucun d'agir. Aussi bien, ce qu'on appelle cause finale n'est rien que le désir humain, en tant qu'il est considéré comme le principe ou la cause primordiale d'une chose. » Nous retrouvons ici la même démarche de pensée qui nous avait fait ôter au terme «perfection» tout son sens traditionnel en l'étendant à la totalité de l'Etre. Ici, c'est le verbe agir qui subit le même traitement. Son sens était entièrement lié à la perspective anthropomorphique : celle-ci se représentait un être existant « d'abord» (en l'occurrence le Dieu personnel), puis concevant un but, et enfin agissant en vue de ce but. Le verbe agir, dans cette perspective, tirait son sens de son opposition au verbe exister, puisque l'action était nécessairement une création. Chez Spinoza, l'action devient la manifestation de la puissance d'être, elle se confond avec cette puissance même, avec l'affirmation absolue de l'existence. L'Etre étant l'absolue positivité, l'action ne peut plus s'opposer à l'existence, et la perspective temporelle perd tout son sens : c'est-à-dire que, si l'on veut encore conserver l'ancien langage, on doit dire qu'exister et agir sont une seule et même « chose », autrement dit que l'Etre existe « toujours ». Et, de même que la thèse : « tout ce qui est réel est parfait » éliminait le sens même du mot Perfection, de même cette nouvelle thèse : « l'Etre agit toujours » détruit le sens du mot Action qui avait été introduit par la perspective créationniste. Le point de vue anthropomorphique est ainsi doublement éliminé : il est aussi absurde de dire de l'Etre qu'il est parfait, que de dire qu'il agit. Et la notion de but ou d'intention disparaît avec celle d'action : l'Etre n'agit pas, il est. La notion d'action impliquait nécessairement la temporalité, et un temps pendant lequel Dieu se contentait d'exister sans agir.

Avec l'exclusion de la Finalité c'est donc un nouvel échec de la tentative de valorisation de l'Etre que nous constatons. L'illusion finaliste découlait de celle du Dieu personnel et transcendant : l'Etre devait nécessairement « avoir une valeur », présenter un sens, exclure l'absurde et la contingence ; créé par Dieu, il trouvait une raison d'être en manifestant (caché derrière la trame du tissu, comme le dira Leibniz) le dessein de Dieu. Le sens ne faisait plus problème : l'homme n'avait plus à se chercher de Pourquoi, puisqu'il devenait le moyen de la réalisation d'un but mystérieux mais déjà là. Avec le refus de ce langage qui masque les problèmes sous des fictions, Spinoza marque à nouveau son refus de résoudre par avance (par une pétition de principe) la question de la Valeur : en valorisant l'Etre lui-même, la théologie supprimait le caractère problématique de cette « déduction » d'une axiologie à partir d'une ontologie, déduction qui semblait devoir découler du premier moment de la démarche de Spinoza. Ici se dessine l'amorce d'un mouvement que nous aurons à éclairer par la suite, et qui consiste à repousser toujours plus loin le moment crucial de cette articulation : tout se passe comme si Spinoza retardait le moment de sortir de ce premier stade de sa démarche, ou de ce qui devait constituer à ses propres yeux (dans son projet initial) un premier stade. L'ontologie, qui aurait dû lui servir de moyen, semble s'imposer de plus en plus comme ce dans quoi le discours philosophique doit demeurer sous peine d'enlever toute puissance à ce fondement en souillant sa pureté par l'introduction d'un langage valorisant qu'il était justement destiné à fonder.

C. — *L'illusion de l'imperfection de la Finitude* :

Le refus du langage de la perfection en était resté pour le moment au plan de la Substance, c'est-à-dire de l'Etre considéré dans son absolue positivité. Mais le langage théologique trouve un bastion apparemment imprenable au plan des Modes : la finitude de l'étant n'est-elle pas par excellence le lieu où le discours valorisant pourra appliquer sa catégorie d'Imperfection (sous quelque forme que celle-ci se cache : mortalité, particularité, privation de la plénitude d'essence...) ? Ce n'est pas dans une comparaison entre Dieu et ses créatures que s'insinue cette illusion de l'imperfection : c'est à l'intérieur du domaine modal lui-même qu'il s'agit de la déraciner. C'est par une comparaison entre les modes finis que réapparaît cette fiction. La recherche de l'origine de cette illusion passe par la reconnaissance de sa liaison essentielle avec le préjugé de la finalité. La Préface de la IV° partie de l'*Ethique* retrace cette généalogie : « Celui qui a résolu de faire une chose et l'a achevée dira que cette chose est parfaite ; et non seulement lui-même le dira, mais encore quiconque connaît exactement, ou croit connaître l'idée et le but de l'auteur de cette œuvre (...). Mais si on voit un ouvrage dont on n'avait jamais vu le semblable, et si on ne connaît pas l'idée de l'artisan, on ne pourra évidemment pas savoir si cet ouvrage est parfait ou imparfait (...). Les hommes forment d'habitude, tant des choses naturelles qu'artificielles, des idées universelles qu'ils regardent comme les modèles des choses, et ils croient que la Nature (qu'ils estiment ne jamais agir qu'en vue d'une fin) fait attention à ces idées et qu'elle se les propose comme modèles. Aussi, lorsqu'ils voient se produire dans la Nature quelque chose qui est moins conforme au modèle qu'ils ont conçu d'une pareille chose, ils croient que la Nature elle-même s'est trouvée en défaut ou qu'elle a laissé cette chose imparfaite. » L'illusion de l'imperfection de la finitude relève donc de la même origine que celle de la finalité : c'est la fiction anthropomorphique qui la rend nécessaire. L'homme forge une « réalité » en se mettant en quelque sorte à la place du Dieu personnel, agissant en vue du Bien, et se proposant un but. Cette visée idéale se heurte à la réalité qui présente nécessairement des aspects contraires à ce « Bien ». Ces aspects sont mis alors au compte d'une imperfection radicale, nécessaire à partir du moment où l'idéal doit s'incarner dans une matière : l'imperfection devient même synonyme de finitude, et la matérialité se confond avec la Chute. Ce concept de non-réalisation de la finalité s'identifie alors à celui d'un manque dans la plénitude de l'essence, d'un trou dans l'être, d'une privation. Et c'est précisément contre ce pseudo-concept de privation que va s'élever Spinoza. La destruction de cette fiction découle de l'absolue positivité de l'Etre telle qu'elle a été établie dans la première partie de l'*Ethique* : l'Etre n'existe en vue d'aucune fin ; il n'a pas besoin de raison d'être ; il est à lui-même sa propre raison d'être. Il ne peut donc être comparé à rien d'extérieur à lui. Cette impossibilité se répercute au niveau des modes finis ; un mode est nécessairement ce qu'il est : une certaine détermination de l'Etre. « Toute détermination est une négation.» (L. 50). Telle est l'essence de la finitude : chaque mode fini nie par son existence même l'infinie puissance de diversification qu'il exprime d'une façon particulière. Cette essence est particulièrement nette dans l'attribut Etendue : considéré par l'imagination, c'est-à-dire par ma façon la plus naturelle de percevoir, un mode fini n'est saisi en tant que tel que par sa limite, c'est-à-dire par ce qui l'entoure, qu'il n'est pas, et qui le fait en quelque sorte être tel. Mais, même en dehors de ce cas particulier où « l'essence » n'est saisie que par ce qui la nie, la finitude est la négation même de l'Etre, puisque celui-ci se définit par son absolue puissance d'exister. La négativité est le mode d'existence du Mode fini : l'illusion passe de cette nécessaire négation à une privation qui apparaît par là-même comme contingente, puisque l'objet se définit alors par ce qu'il pourrait être et qui lui « manque » : « Dans la mesure où nous leur attribuons quelque chose qui enveloppe une négation, par exemple une limite, une fin, une impuissance, etc., nous les appelons imparfaits, parce qu'ils n'affectent pas notre esprit de même façon que ceux que nous appelons parfaits, non parce qu'il leur manque quelque chose qui soit leur, ou parce que la Nature a péché. Rien, en effet, n'est propre à la nature d'une chose que ce qui suit de la nécessité de la nature d'une cause efficiente, et tout ce qui suit de la nécessité de la nature d'une cause efficiente se produit nécessairement.» (E IV- Préface). Cette nécessité de l'essence déterminée, qui exclut toute la contingence qu'implique la notion de privation, est affirmée chaque fois que Spinoza fait la différence entre la privation imaginée et la négation pensée : « La privation ne consiste pas en l'acte de priver mais purement et simplement en un manque, qui n'est rien par lui-même ; il ne s'agit que d'un être de raison, d'une manière de penser, formée quand nous nous livrons à une comparaison (...) Si nous considérons le vouloir de Dieu et la nature de ce vouloir, nous ne pouvons pas plus dire cet aveugle privé de la vue, que nous ne pourrions le dire d'une pierre ; car, au moment donné, il serait contradictoire que la vision lui appartînt, comme il serait contradictoire qu'elle appartînt à la pierre ; puisque rien n'est à cet homme et ne peut être dit sien, sauf ce que l'entendement et la volonté de Dieu lui ont accordé. Et ainsi, Dieu n'est pas davantage cause de la non-vision de cet homme, que de la non-vision de la pierre ; en ce cas, il faut bien parler d'une négation pure et simple. » (L. 21). Cette lettre étant destinée à Guillaume de Blyenbergh, correspondant borné s'il en fût, c'est la « nécessité de l'Etre » qu'il faut lire derrière l'expression neutre et prudente de « vouloir de Dieu ». Dans cette même lettre, une définition est posée : « Il y a privation, quand ce que nous croyons appartenir à la nature de quelque objet est nié de cet objet même, et négation, quand est nié d'un objet ce qui n'appartient pas à sa nature. » Cette définition peut être précisée grâce à un exemple : « Bien que, par exemple, l'étendue nie de soi la pensée, il n'y a là aucune imperfection ; mais si, en revanche, elle était privée d'une certaine étendue, il y aurait là une imperfection (...) Mais on ne saurait dire qu'elle est imparfaite parce qu'elle ne pense pas, puisque sa nature n'exige rien de tel.» (L. 36). Et l'imperfection ou la privation est même supprimée, par une simple extension de cette thèse, dans le domaine le plus hautement valorisé, celui de l'âme humaine, qui était le lieu où la notion d'imperfection trouvait son couronnement : « Personne ne peut reprocher à Dieu de lui avoir donné une nature faible ou une âme impuissante. Il serait absurde en effet que le cercle se plaignît du fait que Dieu ne lui a pas donné les propriétés de la sphère, ou qu'un enfant qui souffre de la pierre se plaignît de n'avoir pas reçu un corps sain (...) Car rien d'autre n'appartient à la nature d'une chose que ce qui suit nécessairement de sa cause. » (L. 78). Voilà donc poussée jusqu'au bout de l'ontologie l'abolition des illusions anthropomorphiques nées du point de vue humain sur l'Etre : le Dieu personnel, la transcendance, l'ordre ou le désordre de la Nature, la perfection ou l'imperfection des êtres, la beauté ou la laideur... autant de catégories fictives introduites par ce langage du point de vue.

CHAPITRE DEUXIÈME

L'A-METAPHYSIQUE

PAR-DELA LE VRAI ET LE FAUX

Dans sa tentative de fonder ontologiquement la Valeur, Spinoza a donc été conduit, de par les implications mêmes du fondement qu'il propose, à refuser la solution de facilité qui s'offrait à lui : la valorisation directe de l'Etre lui-même, c'est-à-dire l'expression de l'ontologie dans un langage employant les catégories que celle-ci était censée fonder. Cette onto-théologie est refusée par Spinoza parce qu'elle suppose déjà résolu, au moment même où elle commence à parler, le problème qui est ici en jeu : un langage valorisant pourra-t-il justement être fondé à partir d'un discours absolument positif sur l'Etre — c'est-à-dire d'un discours n'employant pas ces catégories dont la possibilité est précisément problématique ? En élimi- nant la Valeur du domaine purement ontologique, Spinoza refuse un premier type de solution « facile » au problème du sens : la solution théologique qui ne peut déduire la Valeur à partir de l'Etre que parce qu'elle l'y a déjà introduite subrepticement. Pour maintenir la pureté du domaine qui s'était d'abord présenté à lui comme celui du seul fondement possible, Spinoza est amené, de par la logique même de sa démarche, à rendre impossible tout passage de ce domaine à la Valeur en tant que telle. Le passage qui nous occupe ici, et autour duquel nous avons orienté toute la démarche spinoziste, est donc exclu de ce premier moment et rejeté « plus loin » ou « plus tard ». Mais, si la Valeur est exclue du domaine de l'Etre lui-même, il se présente immédiatement un autre lieu dans lequel elle va pouvoir s'enraciner : le discours portant sur l'Etre. Ce discours en effet postule à tout moment, pour être possible, qu'il dévoile effectivement l'Etre, c'est-à-dire qu'il est « valable » en tant que discours portant sur le fondement, et qu'il se distingue donc à tout moment du discours non-valable. Les catégories qui sont ici en jeu comme catégories valorisantes ne se situent plus au plan de l'Etre mais portent désormais sur le langage qui dit l'Etre, et, d'une façon plus générale — que nous aurons à préciser ultérieurement — sur la Pensée qui prend acte de l'Etre. Les catégories théologiques de Parfait et d'Imparfait ayant été supprimées comme illusoires, la Valeur se réfugie maintenant sous les catégories « métaphysiques » de Vrai et de Faux. Le terme « Métaphysique » ne se veut ici qu'une désignation commode recouvrant le domaine de la Pensée pure, une fois désacralisé « ce » qu'elle pense : c'est dans ce domaine que vont s'inscrire les notions de connaissance et de Vérité. Le rapport de Spinoza à la Métaphysique, que nous nous proposons d'esquisser à présent, doit donc être compris uniquement comme rapport à la notion de Vérité, c'est-à-dire à la relation de la Pensée à l'Etre. La question qui doit être résolue ici est donc la suivante : la Valeur, qui a été exclue du domaine de l'Etre en tant que tel, peut-elle néanmoins trouver refuge et s'enraciner dans cette relation de la Pensée à l'Etre ? La Valeur peut-elle se fonder à présent sur la notion de Vérité ? Les catégories de Vrai et de Faux sont-elles le moment où le passage de l'Etre à la Valeur s'accomplit enfin ?... Cette question doit être posée au discours de Spinoza comme théorie de la Pensée en tant que telle et de la Pensée dans sa relation essentielle à l'Etre. La démarche suivie pour déterminer ce rapport de Spinoza à la Métaphysique comportera une division en deux moments, positif et négatif, qui tenteront de décrire séparément ce qui est inséparable chez Spinoza : l'affirmation de la positivité de la Pensée et la dénonciation des illusions que la Métaphysique s'est faites au sujet de cette Pensée.

I. — LA POSITIVITE DE LA PENSEE

A — *La positivité de la Pensée dans son rapport à la positivité de l'Etre* :

La Positivité de la Pensée a son point de départ dans l'axiome : « L'homme pense. » (E II - ax. 2). Cet axiome n'est pas une « autre » façon d'exprimer le Cogito cartésien : pour mettre les choses au net dès le début, disons qu'il n'a rien à voir avec le Cogito, si ce n'est qu'il est un point de départ (... mais le Cogito n'est-il pas plutôt un point d'arrivée ?). Pour éviter toute confusion, nous proposons de remplacer cet énoncé par le suivant, qui est pour nous son équivalent : « Il y a de la Pensée. » C'est en effet sur le plan de l'impersonnalité la plus stricte que Spinoza se place pour énoncer cette constatation initiale. Tout comme la I° partie de *l'Ethique* s'efforçait d'arriver «le plus vite possible » à l'Etre, cette II° partie se place d'emblée dans le lieu de son discours : il y a de la Pensée, c'est-à-dire que nous sommes toujours déjà «au milieu » de la Pensée. Le ton de cette constatation s'oppose au ton «valorisateur» qui ferait de la Pensée quelque chose de souhaitable, un but que l'homme devrait se proposer d'atteindre. La première proposition de cette II° partie, par l'ontologisation de la Pensée qu'elle accomplit immédiatement, nous rappelle que l'homme qui aspire à la pensée oublie qu'il est toujours « dans » la Pensée comme il est toujours dans l'Etre. « La pensée est un attribut de Dieu, autrement dit Dieu est chose pensante. » Par cette proposition la Pensée est posée comme exprimant l'essence éternelle et infinie de l'Etre. Cette substantialisation de la Pensée est rendue nécessaire par la position des pensées singulières comme modes, car « les choses particulières ne sont que des affections des attributs de Dieu, autrement dit des modes, par lesquels les attributs de Dieu sont exprimés d'une façon définie et déterminée. » (E I - 25 - coroll.). La Pensée hérite par là même de toutes les propriétés que Spinoza s'était efforcé d'établir pour l'Etendue : la Pensée n'est pas divisible, si ce n'est par l'imagination ; c'est-à-dire qu'elle n'est pas constituée par une série de pensées singulières, et que le «il y a des pensées » n'est que l'expression donnée par l'imagination au « il y a de la Pensée ». Le deuxième moment de l'affirmation de la positivité de la Pensée passe tout d'abord par la prééminence accordée à l'idée, production active de l'esprit : « Il n'y a de modes de penser, comme l'amour, le désir ou tout ce qui peut être désigné du nom de sentiments de l'âme, que s'il y a dans le même individu l'idée de la chose aimée, désirée, etc. Mais nous pouvons avoir une idée sans pour cela avoir aucun autre mode de penser. » (E II - ax. 3). L'idée comme mode de penser par excellence sera donc seule envisagée puisque les autres modes de la Pensée ne peuvent être sans elle, alors qu'elle peut être sans eux. Le statut ontologique de la Pensée, ou ce que nous appelons ici la positivité de l'Idée, se dessine plus précisément dans les propositions 5 à 7. C'est là en effet que Spinoza règle ce que la tradition (antérieure ou postérieure à lui) considère comme le problème-clef de la Métaphysique : le rapport de la Pensée à l'Etre, de l'idée à la chose — problème qui réapparaîtra sous la forme de la relation sujet-objet, et qui renverra de toute façon au statut de la Vérité. C'est là aussi que Spinoza se moque par avance de toutes les étiquettes que l'on a tenté de coller sur « la partie de sa doctrine » qu'il est convenu d'appeler théorie de la connaissance : idéalisme, réalisme, parallélisme... Qu'il ne peut précisément pas y avoir de théorie de la connaissance chez Spinoza, c'est ce qu'aurait déjà dû nous suggérer la double affirmation : nous sommes toujours déjà dans l'Etre, et nous sommes toujours déjà dans la Pensée.

L'étiquette réaliste ou empiriste est balayée par la proposition 5 : « L'être formel des idées admet pour cause Dieu, en tant seulement qu'il est considéré comme chose pensante, et non en tant qu'il s'explique par un autre attribut. C'est-à-dire que les idées, tant des attributs de Dieu que des choses singulières, admettent pour cause efficiente, non les objets mêmes qu'elles représentent, — autrement dit les choses perçues,— mais Dieu lui-même, en tant qu'il est chose pensante. » C'est ici le passage causal d'un attribut à l'autre qui est à nouveau nié, thèse capitale quand il s'agira d'aborder la théorie des sentiments et des passions. L'idée envisagée dans sa pure positivité, dans son être formel, ne renvoie à rien d'autre qu'à ce qu'elle exprime, c'est-à-dire à ce qui constitue son essence sur un mode déterminé : l'infinie puissance de penser. Mais la deuxième étiquette (idéaliste) est aussitôt rejetée, elle aussi: en effet, elle n'est appelée par le refus de la première que dans un certain cadre de «pensée » qui n'exige cette alternative que parce qu'il se meut tout entier dans la scission Etre-Pensée, Chose-Idée, ou Objet-Sujet. Cette scission, que Spinoza pourrait qualifier d'imaginaire, entraîne nécessairement une subordination d'un terme à l'autre, ou bien, lorsque la logique de cette attitude est poussée jusqu'au bout, une fusion absolue d'un terme dans l'autre : tout est Chose, ou tout est Idée. Ce n'est que par l'identification, c'est-à-dire par la suppression pure et simple du problème, que le problème se trouve résolu. Et celui qui refuse cette suppression est conduit à relier les deux termes juxtaposés par un pont mystérieux relevant de l'au-delà, par une « harmonie pré-établie » qui résout le problème en qualifiant sa solution (toujours déjà donnée) de mystérieuse, c'est-à-dire justement de problématique. Que l'on ait voulu émasculer Spinoza en le classant sous l'étiquette idéaliste, c'est compréhensible (« humain ») ; mais on oublie alors de lire la proposition 2 (ou peut-être n'est-elle qu'une fausse fenêtre destinée à renforcer la symétrie de cet « admirable édifice » qu'est *l'Ethique* ? ...) : « L'étendue est un attribut de Dieu autrement dit Dieu est chose étendue. » Le commentateur se réfugie alors dans le dernier bastion de l'idéalisme, constitué par cette admirable invention : le parallélisme. Les modes de la pensée et de l'étendue correspondraient, sagement rangés sur deux séries parallèles, et, comme les parallèles « doivent » se rejoindre à l'infini, cette correspondance serait assurée par un divin ordonnateur, rangeant tout pour le mieux selon une harmonie préétablie entre les deux séries... Mais ce dernier refuge de l'idéalisme est immédiatement refusé lui aussi ; car, si la fameuse proposition 7 (« L'ordre et la connexion des idées sont les mêmes que l'ordre et la connexion des choses ») pouvait laisser quelque latitude d'interprétation, son scolie nous rappelle qu'il s'agit bien pour Spinoza de sortir du cadre absurde de la scission Etre-Pensée : « Tout ce qui peut être perçu par un entendement infini comme constituant l'essence de la substance n'appartient qu'à une substance unique, et par conséquent substance pensante et substance étendue sont une seule et même substance, qui est comprise tantôt sous cet attribut, tantôt sous l'autre. De même aussi le mode de l'étendue, et l'idée de ce mode sont une seule et même chose, mais exprimée de deux façons. » L'identification spinoziste de la Pensée et de l'Etre sort des cadres traditionnels que nous avons définis parce qu'elle exclut toute subordination, toute hiérarchisation entre ces deux termes : il s'agit ici d'une nouvelle signification du terme Etre, d'une nouvelle extension de son concept. La Pensée n'est plus un produit extérieur à l'Etre et dont l'adéquation avec celui-ci ferait problème. La Pensée constitue l'essence même de l'Etre conçue sous un certain aspect : elle est cet Etre lui-même dans une des manifestations infinies de sa positivité. La positivité de la Pensée, telle que nous la recherchions, n'est donc pas fondée sur la positivité de l'Etre : elle est cette positivité même. Et la distinction entre les termes (entre Pensée et Etre, et entre Etendue et Etre) ne se fait que du point de vue de l'entendement, puisque l'attribut n'est que « ce que l'entendement perçoit de la substance comme constituant son essence.» (E I - déf. 4). A ce niveau, le problème de la connaissance paraît insensé : il naissait en effet d'une identification subreptice entre l'Etendue et l'Etre ; non pas une identification au sens où Spinoza l'opère, mais une identification unilatérale : l'Etre était réduit à l'Etendue, et la Pensée ne pouvait plus « être » ; elle se contentait de constituer un produit-reflet de cette Etendue. Le problème de la Vérité, posé en termes d'adéquation (puisqu'il naissait de la scission) ne se résout ici que par l'identification. Et celle-ci « produit ses propres fossoyeurs », puisqu'elle ouvre la voie au renversement de cette unilatéralité : avec une logique tout aussi assurée, l'Etre pourra être réduit à la Pensée, et l'Etendue deviendra à son tour une façon d'être de la Pensée qui seule sera « réelle ». L'ontologisation de la Pensée chez Spinoza ne s'accompagne en aucun cas d'une éviction de l'Etendue du domaine de l'Etre, ou d'une subordination quelconque. Une idée est réelle, elle est une modification de l'Etre, elle exprime celui-ci, mais ni plus ni mieux qu'un brin d'herbe. Cette positivité de l'Idée, partout affirmée, est en même temps une désacralisation de la Pensée : la Pensée est réelle, mais elle n'est que réelle ; alors que la thèse précédente la plaçait hors de l'Etre pour penser celui-ci, c'est-à-dire pour le juger depuis l'au-delà de l'Etre où elle se tenait. Mais, de même que l'affirmation de la positivité absolue de l'Etre nous avait conduits à donner un tout autre sens aux catégories de perfection et d'imperfection dans lesquelles se déplaçait l'ontologie traditionnelle, de même l'affirmation de la positivité de la Pensée exige que nous examinions le statut à accorder aux catégories de Vrai et de Faux qui constituaient le cadre de ce discours sur la Pensée dans ses rapports avec l'Etre, discours que nous avons appelé Métaphysique.

B. — *L'abandon du langage de valorisation de la Pensée : Vérité et Pensée.*

Les propositions 32 à 35 de la II° partie de *l'Ethique* établissent le nouveau sens que prend le mot Vérité dans la perspective introduite par l'affirmation de la positivité de la Pensée. L'idée de vérité est empruntée telle quelle à la tradition : « Une idée vraie doit s'accorder avec l'objet qu'elle représente. » (E I - ax. 6). Mais immédiatement, de par cette définition même, il apparaît que, prise dans la démarche de Spinoza, elle ne pourra plus introduire une valorisation ou une hiérarchisation entre des « régions » de la Pensée, entre des idées vraies et des idées fausses. L'idée étant un mode de l'Etre lui-même, elle exprime une positivité qui, non seulement s'accorde avec la positivité correspondante d'un mode de l'Etendue, mais est cette même positivité. Le problème d'un accord, d'une correspondance joignant deux termes extérieurs et distincts, n'a donc plus de sens ici, à partir du moment où l'idée exprime « la même chose » que l'objet. Cette identification aura des conséquences très importantes pour la méthode philosophique, puisqu'il ne s'agira plus, étant en possession d'une idée, d'établir son accord avec un objet donné par ailleurs : il s'agira uniquement de produire une vraie idée — le qualificatif « vraie » ne renvoyant ici à aucun critère extrinsèque fixant l'idée sur un modèle extérieur à elle, mais signifiant seulement une idée réelle, positive, un véritable mode de la Pensée, une véritable production de l'Esprit. « Toutes les idées, en tant qu'elles sont rapportées à Dieu, sont vraies. » (E II - 32). Nous assistons ici à une démarche semblable à celle qui avait ôté leur sens aux catégories onto-théologiques de Parfait et d'Imparfait. Spinoza, acceptant le sens traditionnel du qualificatif Vrai (accord avec l'objet), doit l'étendre à la totalité des idées « en tant qu'elles sont rapportées à Dieu », c'est-à-dire en tant qu'elles sont considérées comme des modes réels et positifs de la Pensée. L'extension à la totalité de la Pensée d'une catégorie qui ne prenait son sens qu'en divisant ce domaine de la Pensée en deux régions, doit nécessairement abolir le sens de cette catégorie. L'abolition de ce sens s'est faite jusqu'ici uniquement en tant que l'idée a été rapportée à l'Etre. Mais la proposition 34 effectue le passage, qui sera constamment repris par la suite, de l'Esprit humain en tant que mode fini de la Pensée à l'Etre en tant que puissance absolue de penser : « Toute idée qui en nous est absolue autrement dit adéquate et parfaite — est vraie. » La démonstration de cette proposition passe par le corollaire de la proposition 11 : « L'Esprit humain est une partie de l'entendement infini de Dieu ; et par suite, lorsque nous disons que l'Esprit humain perçoit ceci ou cela, nous disons seulement que Dieu, non en tant qu'il est infini, mais en tant qu'il s'explique par la nature de l'Esprit humain, autrement dit en tant qu'il constitue l'essence de l'Esprit humain, possède telle ou telle idée ; et lorsque nous disons que Dieu possède telle ou telle idée, non seulement en tant qu'il constitue la nature de l'esprit humain, mais encore en tant qu'il possède, en même temps que l'Esprit humain, l'idée d'une autre chose, nous disons alors que l'Esprit humain perçoit une chose en partie, autrement dit de façon inadéquate. » Spinoza a parfaitement conscience de la révolution qu'il introduit ici dans la Métaphysique, ou plutôt de l'abolition même de toute Métaphysique qu'il opère en ôtant leur ancien sens aux notions de Pensée et de Vérité ; il ajoute en effet dans le scolie : « Ici sans doute les lecteurs hésiteront, et beaucoup d'objections leur viendront à l'esprit ; je les prie donc d'avancer à pas lents avec moi et de ne point formuler de jugement avant d'avoir tout lu. » La positivité d'une idée, qui constitue le seul critère (si l'on peut encore parler ainsi) de la vérité de cette idée, est la positivité même de la Pensée absolue, c'est-à-dire d'une certaine manière pour l'Etre d'être infini. Si toute idée qui en nous est absolue est vraie, c'est uniquement parce que le terme même de « vrai » a perdu ici son sens traditionnel qui l'opposait nécessairement à une autre région de la Pensée constituée d'idées fausses. Si toute idée, en tant qu'elle est rapportée à Dieu, est positive, c'est-à-dire vraie, alors toute idée réelle, c'est-à-dire positive sera nécessairement «dans l'Etre » ou en Dieu en tant qu'il constitue l'essence de l'Esprit humain : ce qui signifie qu'elle sera vraie puisqu'elle sera nécessairement (en Dieu) la même chose que la « modification correspondante » de l'étendue ou de la pensée. La positivité de l'être (son être réel) exclut donc tout caractère intrinsèque qui ferait de telle idée une idée fausse par nature : « Il n'y a dans les idées rien de positif qui permette de les dire fausses. » (E II -33). La positivité de la Pensée et la Vérité de l'Idée étant synonymes (de par l'identification de la Pensée et de l'Etre), il est impossible qu'une positivité quelconque constitue, à l'intérieur même de la Pensée, l'essence du Faux : il ne peut pas y avoir de « mode positif du penser qui constitue la forme de l'erreur », puisque positif et faux sont des termes contradictoires. En se plaçant donc « au point de vue » de l'absolue positivité de l'Etre, la fausseté apparaît comme un pur non-être ; et Spinoza semble rejoindre par là toute la tradition issue de la composante parménidienne de la pensée de Platon, qui justement poussait à bout cette logique de l'Etre vers l'identification de la Pensée et de l'Etre. Cette tradition de la Métaphysique occidentale « commence » avec le fragment

5 de Parménide : « ...c'est la même chose que penser et être. »

Sans prétendre que tous ces moments de la tradition soient directement comparables entre eux, nous pouvons cependant les présenter comme manifestations diverses de cette même tendance de pensée qui a été exprimée ainsi, « dans toute sa pureté », dès l'origine :

« Du connaître à l'être la conséquence est bonne. »

« L'être est pensée. » (Hegel : *La Phénoménologie de l'esprit* - Préface).

« Ce qui est rationnel est réel, et ce qui est réel est rationnel. » (Hegel : *Principes de la Philosophie du Droit* - Préface).

L'abolition de toute positivité du Faux conduit également à redonner un nouveau sens aux termes d'adéquation et d'inadéquation. Il ne peut plus s'agir d'adéquation de la chose et de l'esprit : « Par idée adéquate, j'entends une idée qui, en tant qu'elle est considérée en soi, sans relation à un objet, a toutes les propriétés ou présente tous les signes intrinsèques d'une idée vraie (...). Je dis intrinsèques, afin d'exclure celle qui est extrinsèque, à savoir la convenance de l'idée avec l'objet qu'elle représente.» (E II - déf. 4). A partir de ce nouveau sens de l'adéquation, une nouvelle « théorie de l'erreur » est devenue possible, unissant l'absence de

positivité de la fausseté et une certaine spécificité liée au point de vue : puisque, du point de vue de l'Etre, c'est-à-dire hors de tout point de vue, l'erreur n'est que négation ou pur non-être. « La fausseté consiste en une privation de connaissance, qu'enveloppent les idées inadéquates, autrement dit mutilées et confuses. » (E 11-35). Spinoza avait déjà préparé cette définition de l'erreur par l'inadéquation, et il l'avait fait à propos de l'imagination : « Pour conserver les termes en usage, les affections du corps humain dont les idées nous représentent les corps extérieurs comme présents, nous les appellerons images des choses, quoiqu'elles ne reproduisent pas les figures des choses. Et lorsque l'esprit considère les corps sous ce rapport, nous dirons qu'il imagine. Et ceci, pour esquisser la théorie de l'erreur, je voudrais que l'on remarque que les imaginations de l'esprit, considérées en soi, ne contiennent pas d'erreur, autrement dit que l'esprit n'est pas dans l'erreur parce qu'il imagine, mais en tant seulement qu'il est considéré comme privé de l'idée qui exclut l'existence des choses qu'il imagine présentes.» (E II-17 - Sc.). L'imagination n'est donc en elle-même rien de négatif : elle a sa propre positivité, elle est une certaine détermination de l'Etre. Ce qui fait d'elle une idée inadéquate, c'est simplement le fait qu'elle n'est pas connue en tant qu'imagination, qu'elle n'est pas saisie consciemment comme idée d'une affection du corps. Le scolie de la proposition 35 précise ce rapport de l'imagination à la privation de connaissance (c'est-à-dire, dans le langage de Spinoza, à une simple négation) : « Lorsque nous regardons le soleil, nous imaginons qu'il est éloigné de nous de 200 pieds environ ; cette erreur ne consiste d'ailleurs pas dans cette imagination, mais dans le fait que, en imaginant ainsi le soleil, nous ignorons sa vraie distance et la cause de cette imagination. Car, plus tard, encore que nous sachions que le soleil est éloigné de nous de plus de six cents fois le diamètre de la terre, nous n'imaginerons pas moins qu'il est près de nous ; nous n'imaginons pas, en effet, le soleil si proche parce que nous ignorons sa vraie distance, mais parce que l'affection de notre corps enveloppe l'essence du soleil, en tant que le corps lui-même en est affecté. » Cette relativité de l'erreur est explicitée dans la démonstration de la proposition 36 : «Toutes les idées sont en Dieu ; et, en tant qu'elles sont rapportées à Dieu, elles sont vraies et adéquates ; par conséquent, elles ne sont inadéquates et confuses qu'en tant qu'elles sont rapportées à un esprit singulier. » L'identification de la Vérité et de la Pensée prend ici toute sa portée : la séparation de la Vérité et de la Pensée (respectivement posées comme prédicat et comme sujet), la valorisation de la Pensée par l'intermédiaire des catégories de Vrai et de Faux, étaient liées à la perspective, au point de vue pris sur la Pensée, de même que le Parfait et l'Imparfait étaient liés à la Perspective anthropomorphique sur l'Etre (c'est-à-dire à la perspective qui projette et réifie les catégories valorisantes qu'elle était censée fonder). La positivité de l'Idée, moment prévu comme initial et qui devait légitimer la perspective valorisante du Vrai et du Faux, devient le seul moment possible qui exclut précisément toute tentative de valorisation qui détruirait cette positivité. Le Vrai et le Faux sont abolis dans la Pensée qui était censée les fonder, tout comme le

Parfait et l'Imparfait l'avaient étés dans l'Etre.

Reste à démasquer, à partir de cette positivité, toutes les illusions «métaphysiques» inhérentes à cette perspective valorisante. Tout d'abord, l'illusion de l'Ame, dénoncée à partir de la nouvelle identification que Spinoza introduit entre la Pensée et l'Etre. Puis l'illusion de l'abstraction, c'est-à-dire du passage du mot au concept et au réel, ou de toutes les fictions creuses par lesquelles la Métaphysique a cru « expliquer » la réalité. Et enfin, l'illusion de l'arrière-monde de la Vérité comme critère transcendant, condamnée au nom de l'identification de la Pensée et de l'Etre, et entraînant une nouvelle façon de concevoir les rapports de la Philosophie et de la Vérité.

II - LES ILLUSIONS METAPHYSIQUES

A- *L'illusion de l'âme* :

L'identification de la Vérité et de la Pensée, c'est-à-dire l'affirmation de la positivité absolue de la Pensée, va nécessiter une remise en cause de la notion d'âme en tant que siège ou lieu de la Pensée. L'âme comme deuxième pôle de la connaissance était liée à la scission entre la Pensée et l'Etre qui entraînait une scission correspondante entre sujet et objet. Mais cette bi-partition introduisait par là-même un troisième terme, le corps humain, comme objet privilégié, comme région particulière de l'Etre qualifiée de «mienne ». C'est donc en définitive une tri-partition entre l'âme, le corps et le «monde » qu'introduit cette notion de siège de la pensée. Or, c'est dans les rôles respectifs de l'âme et du corps que va se définir le statut accordé à celle-là. Le problème de la définition de ce statut est déjà partiellement résolu par avance, du moins en filigrane, à partir du moment où toute subordination ou hiérarchisation entre l'Etre et la Pensée a été abolie. Mode de l'étendue et mode de la pensée exprimant, du point de vue de l'Etre, la même chose de deux façons différentes, la scission entre l'âme et le corps va se présenter de toute autre façon. Tout d'abord, l'âme ne sera plus constituée par l'indéfinie possibilité « d'avoir » des idées. Mais, l'idée ayant acquis un statut ontologique comme mode déterminé de la Pensée, la seule réalité positive qui constituera cette âme sera l'idée elle-même, puisque celle-ci est le mode fondamental de la Pensée que présupposent tous les autres. La seule réalité, le seul être actuel est donc l'idée, et celle-ci ne peut pas renvoyer à une source productrice ou à un lieu d'origine autre que la Pensée elle-même: « Ce qui constitue, en premier lieu, l'être actuel de l'Esprit humain n'est rien d'autre que l'idée d'une chose singulière existant en acte. » (E II- 11). En efiet « l'essence de l'homme est constituée par des modes définis des attributs de Dieu, savoir par les modes du penser. » Cette localisation de l'essence de l'homme dans l'attribut Pensée est directement liée à la seule affirmation que Spinoza ait jusqu'ici portée précisément sur lui : « L'homme pense.» (E II - ax. 2). Que cette localisation ne constitue en aucun cas une prééminence ontologique quelconque de la Pensée, nous le soulignerons lorsqu'il sera question du statut et du rôle du Corps dans l'action. D'autre part, « la chose » constituant l'idéat de cette idée ne peut pas être une chose non-existante : ici, Spinoza exclut de l'être actuel de l'Esprit (mens) tout ce qui renvoie à « l'imagination » (au sens moderne) ou à la mémoire. Ce qui constitue réellement l'essence de cet Esprit ne peut être que l'idée d'une chose existant en acte. D'autre part, cette chose ne peut être infinie : c'est donc un mode défini (et donc fini) qui fournit l'idéat constituant l'être actuel de l'Esprit humain. L'identification entre la Pensée et l'Etre nous conduit alors à la proposition 12 : « Tout ce qui arrive dans l'objet de l'idée Constituant l'Esprit humain doit être perçu par l'Esprit humain, autrement dit l'idée de cette chose sera nécessairement dans l'Esprit: c'est-à-dire que, si l'objet de l'idée constituant l'Esprit humain est un corps, rien ne pourra arriver dans ce corps qui ne soit perçu par l'Esprit. » En effet, cette identité dans l'Etre entre les divers modes « correspondants » des différents attributs, ne peut plus permettre une partialité de la Perception. Ce qui constitue pour Spinoza la perception (l'idée d'une chose singulière existant en acte) ne peut plus rester en-deçà de la chose dont elle est l'idée : il y a nécessairement coïncidence entre deux modes qui expriment la même chose. « De tout ce qui arrive dans l'objet de l'idée constituant l'Esprit humain, il y a nécessairement en Dieu une connaissance en tant qu'il constitue la nature de l'Esprit humain, c'est-à-dire que la connaissance de cette chose sera nécessairement dans l'Esprit, autrement dit l'Esprit la perçoit. » L'objet de cette idée va recevoir sa détermination du 4° axiome : « Nous sentons qu'un corps est affecté de beaucoup de façons. » Etant entendu qu'un corps est « un mode qui exprime, d'une façon définie et déterminée, l'essence de Dieu en tant qu'elle est considérée comme chose étendue.» (E II —déf. 1). C'est donc ici, comme dans l'axiome 2, une pure constatation : nous avons les idées des affections du corps. Donc, « l'objet de l'idée constituant l'Esprit humain est le Corps, autrement dit un certain mode de l'Etendue existant en acte, et rien d'autre. » (E II-13). Ce « et rien d'autre » renvoie à toute la mythologie de l'âme autonome, contemplant l'intelligible, en communication directe avec la chose en soi... Encore une fois, il ne s'agit nullement ici de quelque « matérialisme vulgaire » faisant de la pensée une sécrétion du cerveau, ou de la conscience un épiphénomène. Le fait que l'Esprit ne soit que l'idée du Corps n'introduit aucune subordination de celui-là à celui-ci. D'une façon générale, se plaçant au point de vue de l'Etre, c'est-à-dire hors de tout point de vue, Spinoza est conduit à dépasser le dualisme des attributs : ce qui fait que toute valorisation de l'un des termes par rapport à l'autre n'a plus de sens, puisque « le mode de l'étendue et l'idée de ce mode sont une seule et même chose, mais exprimée de deux façons. » (E II-7-Sc.). De même que la transcendance avait été abolie avec le refus de la théologie, de même ici Spinoza refuse toute déchirure au sein de l'homme, qui ferait de celui-ci un Dieu déchu, encore relié à la transcendance par une « partie » divine de son être, enlisée dans ce tombeau qu'est le corps. Le problème de l'unité humaine, de l'union de l'âme et du corps, se heurtait d'ailleurs aux mêmes difficultés que celui du lien entre le créateur et sa créature, et n'était résolu dans le meilleur des cas (lorsqu'il n'était pas simplement réputé mystérieux) par la Chute, corrélat nécessaire de la matérialisation ou de l'incarnation. Ces trois aspects de la conception traditionnelle sont étroitement liés : introduction du dualisme par l'affirmation d'une transcendance pouvant seule rendre raison de l'existant ; valorisation de l'un des termes de cette dualité, de celui précisément qui est chargé de justifier ; recours à l'inconnaissabilité de la transcendance (ou à l'impénétrabilité de ses voies) dès qu'il s'agit de rendre compte de cette juxtapositon de termes de valeurs différentes ou d'envisager le problème de leur unité. Le scolie de la proposition 13, avec la brièveté «ironique »que nous avions déjà relevée dans la démonstration de la proposition 2, nous rappelle la facilité avec laquelle tous ces mystères s'évanouissent pour Spinoza : « Par là nous comprenons, non seulement que l'Esprit humain est uni au Corps, mais aussi ce qu'il faut entendre par union de l'Esprit et du Corps. Mais on ne pourra comprendre de façon adéquate — c'est-à-dire distincte — cette union si l'on [ne] reconnaît auparavant de façon adéquate la nature de notre Corps. » En effet, s'il n'y a aucune hiérarchisation entre les deux termes, il y a cependant une question d'essence de l'Esprit qui entre ici en jeu : l'Esprit n'est que l'idée du Corps (ce qui ne peut paraître restrictif que pour celui qui l'avait par avance divinisé) ; l'Esprit présuppose le Corps et ne peut exister sans lui. Il est en efiet l'idée d'un corps existant en acte, et si ce corps cesse d'exister en acte, le mot Esprit perd tout son sens. L'ontologisation de la Pensée s'oppose radicalement à la substantialisation de l'âme telle que l'a pratiquée Descartes à la suite du Cogito. Ce que Kant stigmatisera sous le nom de

« Paralogisme de la substantialité » — « A titre d'être pensant (comme âme), je suis une Substance » — est précisément ce que Spinoza reproche implicitement à la démarche cartésienne de la *Méditation Seconde* : « Je trouve ici que la pensée est un attribut qui m'appartient : elle seule ne peut être détachée de moi. *Je suis, j'existe* : cela est certain ; mais combien de temps? A savoir, autant de temps que je pense (...). Je ne suis donc, précisément parlant, qu'une chose qui pense, c'est-à-dire un esprit, un entendement ou une raison (...). Qu'est-ce qu'une chose qui pense ? C'est-à-dire une chose qui doute, qui conçoit, qui affirme, qui nie, qui veut, qui ne veut pas, qui imagine aussi, et qui sent. » En langage kantien, cette substantialisation de la pensée sous forme d'âme se fait par la substitution d'un « sujet réel de l'inhérence » au « sujet logique permanent de la pensée ». Mais pour Spinoza il ne s'agit pas plus de pur sujet logique que de substance autonome dont les autres qualifications ne seraient que des attributs. L'Esprit humain est l'individu lui-même, cet homme particulier, en tant qu'il est conçu sous l'attribut Pensée. L'âme n'a pas un corps, pas plus que le corps n'a une âme. Ces deux affirmations qui se voulaient contradictoires sont beaucoup plus proches l'une de l'autre qu'elles ne voulaient le laisser entendre : en effet, elles se plaçaient toutes deux à l'intérieur de la même perspective de pensée, celle du dualisme, qui introduit nécessairement une polarisation, une valorisation de l'un des termes, et, poussé à la limite par sa propre logique, une réduction à l'un des deux termes qui sera seul posé comme réel. L'identité réelle (ontologique) de l'esprit et du corps ôte tout son sens au problème (insoluble dans l'ancienne perspective autrement que par des sophismes) de l'union de l'esprit et du corps : en effet, la possibilité même d'une union supposait que les deux termes étaient déjà séparés. Et l'exclusion de ce concept (fiction) d'union de l'esprit et du corps va avoir des conséquences capitales pour les fondements anthropologiques de l'éthique. En effet, l'ancienne union n'était ardemment recherchée que pour pouvoir expliquer a posteriori une double « évidence » que le philosophe croyait lire dans son expérience la plus banale : d'une part, le pouvoir du corps sur l'esprit, fondement de la théorie des passions de l'âme ; et d'autre part, le pouvoir de l'esprit sur le corps, fondement de la morale. Cette bi-partition formait le cadre même de la pensée anthropologique du XVII° siècle, si bien que Spinoza lui-même l'adopte, du moins dans les titres des IV° et V° parties de *l'Ethique*. Mais nous avons déjà vu à plusieurs reprises que, lorsque Spinoza emprunte un cadre de pensée, c'est pour le faire éclater tout en ayant l'air de rester à l'intérieur de ses limites. En effet, l'identité ontologique de l'esprit et du corps qui constitue l'individualité humaine, n'équivaut pas pour lui à un amalgame dans lequel « toutes les vaches sont noires », et où l'on pourrait à tout moment lire une multitude d'interactions causales entre les deux termes. Cette identification implique au contraire une rigoureuse autonomie, à partir du moment où l'on a décidé de rendre compte de la réalité individuelle envisagée sous l'un des deux attributs. Cette rigoureuse autonomie avait déjà été affirmée d'une façon plus générale : « L'être formel de l'idée du cercle ne peut être perçu que par un autre mode du penser qui en est comme la cause prochaine, celui-ci à son tour par un autre, et ainsi à l'infini ; de sorte que, dans la mesure où nous considérons les choses comme des modes du penser, nous devons expliquer l'ordre de la Nature entière, autrement dit la connexion des causes, par le seul attribut de la Pensée ; et en tant qu'elles sont considérées comme des modes de l'Etendue, l'ordre de la Nature entière doit être expliqué par le seul attribut de l'Etendue. » (E II-7-Sc.). Cette autonomie des attributs se dessinait déjà dès le début de *l'Ethique* : « Est dite finie en son genre, la chose qui peut être limitée par une autre de même nature. Par exemple, un corps est dit fini parce que nous en concevons toujours un autre plus grand. De même, une pensée est limitée par une autre pensée. Mais un corps n'est pas limité par une pensée, ni une pensée par un corps. » (EI - déf. 2). L'identité entre corps et esprit rend absurde toute relation causale entre l'un et l'autre : « Ni le corps ne peut déterminer l'esprit à penser, ni l'esprit ne peut déterminer le corps au mouvement, ou au repos, ou à quelque chose d'autre (s'il en est). » (E III - 2). Cette identité ontologique entraîne une primauté méthodologique de l'étude du corps, et ces deux aspects ne sont nullement contradictoires : jusqu'ici, dès qu'on ne comprenait pas une action du corps, on en attribuait la cause à l'esprit. « Personne, en effet, n'a jusqu'ici déterminé ce que peut le corps, c'est-à-dire que l'expérience n'a jusqu'ici enseigné à personne ce que, grâce aux seules lois de la Nature, — en tant qu'elle est uniquement considérée comme corporelle —, le corps peut ou ne peut pas faire, à moins d'être déterminé par l'esprit (...). D'où suit que les hommes, quand ils disent que telle ou telle action du corps a son origine dans l'esprit qui a de l'empire sur le corps, ne savent ce qu'ils disent et ne font qu'avouer ainsi en termes spécieux qu'ils ignorent la vraie cause de cette action et ne s'en étonnent pas. » (E III—2-Sc.). La conséquence « morale » de cette thèse anthropologique apparaît immédiatement : « Le décret de l'esprit, aussi bien que l'appétit et la détermination du corps, vont ensemble par nature, ou plutôt sont une seule et même chose que nous appelons Décret quand elle est considérée sous l'attribut de la Pensée et s'explique par lui, et que nous nommons Détermination quand elle est considérée sous l'attribut de l'Etendue et se déduit des lois du mouvement et du repos. » De même que le recours à la transcendance n'était que le masque de l'impuissance, de même le recours au pouvoir de l'esprit sur le corps n'est que «l'asile de l'ignorance»: dans les deux cas, on projette dans une substance autonome la solution du problème, et cette solution n'est que la reprise des termes du problème, affectés d'un coefficient «sacré» par leur valorisation qui se confond avec leur ontologisation. La thèse anthropologique essentielle, introduite par cette prééminence méthodologique de « ce que peut le corps », est annoncée dès le scolie de la proposition 13 : « Plus un corps est apte, par rapport aux autres, à être actif ou passif de plus de façons à la fois, plus son Esprit est apte, par rapport aux autres, à percevoir plus de choses à la fois : et plus les actions d'un corps dépendent de lui seul et moins il y a d'autres corps qui concourent avec lui à une action donnée, plus son esprit est apte à comprendre distinctement.» Ce type radicalement nouveau de lien que Spinoza établit entre l'esprit et le corps, va remettre en cause la notion «d'immortalité de l'âme ».

Cette notion était essentiellement liée à celle de transcendance : l'âme, substance simple et donc incorruptible était le garant de l'origine divine de l'homme. L'âme avait de surcroît un corps, dont elle se débarrassait à la mort. Ce verbe « avoir » n'a plus aucun sens à partir du moment où l'âme est désubstantialisée, c'est-à-dire où elle n'est plus conçue comme une substance autonome, existant par elle-même « avec le concours ordinaire de Dieu ». Spinoza commence par ôter à l'esprit le pouvoir de se souvenir et d'imaginer après que le corps humain ait cessé d'exister : « L'esprit n'exprime l'existence actuelle de son corps et ne conçoit aussi les affections du corps comme actuelles que pendant la durée du corps ; et par conséquent il ne conçoit aucun corps comme existant en acte que pendant la durée de son corps ; et par suite il ne peut rien imaginer et ne peut se souvenir des choses passées, que pendant la durée du corps.» (EV - 21 - dém.). Pris en tant qu'idée du corps, l'esprit perd tout son sens dès que le corps cesse d'exister: « Nous n'attribuons à l'esprit humain aucune durée qui puisse être définie par le temps, sinon en tant qu'il exprime l'existence actuelle du corps, existence qui s'explique par la durée et peut être définie par le temps ; c'est-à-dire que nous ne lui attribuons la durée que pendant la durée du corps.» (EV - 23 - dém.) Car « la durée est la continuité indéfinie d'existence. » (E II - déf. 5). Ce qui rend complètement absurde la question : que devient l'idée du corps quand le corps n'existe plus ? En effet, cette question suppose déjà la réponse, puisqu'elle est tout entière posée dans un cadre temporel que démasque en particulier le verbe « devenir ». Le verbe « exister » lui-même est indissolublement lié à la durée : l'existence est toujours actuelle ; et lorsque Spinoza nous demandera de sortir de la durée, il nous demandera en même temps de changer de vocabulaire, et de ne plus parler d'existence. Hugo Boxel soutenait « qu'il existe une âme sans corps aussi bien qu'un corps sans âme ». (L. 53). Spinoza lui répond : « Dites-moi donc s'il n'est pas également vraisemblable qu'il existe une mémoire, une ouïe, une vue sans corps, puisqu'on trouve des corps sans mémoire, sans ouïe, sans vue ? ou même une sphère sans cercle puisqu'il y a un cercle sans sphère ?» (L. 54). La seule éternité qu'admette Spinoza est bien éloignée de toute durée. Il envisage pour cela l'esprit sous le deuxième aspect déjà présent dans la notion même d'idée du corps : non plus en insistant sur l'idéat en acte (sans l'existence duquel l'idée perd tout son sens), mais sur l'idée elle-même exprimant son essence de façon absolue, c'est-à-dire hors du temps. « Il y a cependant nécessairement en Dieu une idée qui exprime l'essence de tel et tel corps humain sous l'espèce de l'éternité . » (EV -

22). Ce « sub æternitatis specie » mérite quelques éclaircissements. L'éternité avait été définie comme « l'existence elle-même, en tant qu'elle est conçue comme suivant nécessairement de la seule définition d'une chose éternelle.» (E I - déf. 8). Et Spinoza ajoute dans l'explication : « Une telle existence, en effet, est conçue comme vérité éternelle, de même que l'essence de la chose, et c'est pourquoi elle ne peut être expliquée par la durée ou le temps même si la durée est conçue comme n'ayant ni commencement ni fin. » La lettre 12 à Louis Meyer rapproche d'ailleurs l'abîme qui sépare la durée et l'éternité de celui qui nous fait passer du fini à l'infini. L'éternité et l'infini sont « la même chose » puisque l'existence et l'essence s'affirmant dans leur absolue positivité (dans l'Etre) sont la même chose. Le deuxième aspect de l'esprit est donc celui de l'idée en elle-même, envisagée dans sa positivité : elle affirme l'essence du corps, c'est-à-dire une réalité pleine par elle-même, et n'ayant rien à voir avec la durée par laquelle passe son existence. Le passage que nous demande d'accomplir la proposition 22 n'est pas le passage du point de vue de l'homme à celui de Dieu : il consiste simplement à voir dans l'idée (qui constitue l'esprit humain) sa pleine réalité, son essence, sa positivité absolue (quoique déterminée) ; à voir que cette réalité, prise en elle-même, est par-delà toute existence et toute durée. Et la thèse est développée dans le fameux scolie de la proposition 23 : «Il y a donc une idée qui exprime l'essence du corps sous l'espèce de l'éternité, et qui est un certain mode du penser qui appartient a l'essence de l'esprit et qui est nécessairement éternel. Et cependant il n'est pas possible que nous nous souvenions d'avoir existé avant le corps, puisque aucune trace n'en peut rester dans le corps, et que l'éternité ne peut être définie par le temps ni avoir aucune relation au temps. Mais néanmoins *nous sentons et faisons l'épreuve que nous sommes éternels* (...). Nous sentons que notre esprit, en tant qu'il enveloppe l'essence du corps sous l'espèce de l'éternité, est éternel, et que cette existence de l'esprit ne peut être définie par le temps ou expliquée par la durée. On peut donc dire que notre esprit dure et son existence peut être définie par un temps déterminé dans la seule mesure où il enveloppe l'existence actuelle du corps ; et dans cette seule mesure il a la puissance de déterminer temporellement l'existence des choses et de les concevoir dans la durée. » Cette éternité de l'esprit n'a rien à voir avec la durée ni l'immortalité de l'âme. Tout esprit est éternel, c'est-à-dire possède cette plénitude d'essence ; l'éternité n'est ni une récompense ni un but à atteindre : elle est une réalité à découvrir. Tout existant possède cette essence indépendante du temps, mais tous ne le savent pas. Et ici apparaît l'une des composantes essentielles de l'éthique spinoziste : être conscient, être lucide avant tout. Comme nous le verrons par la suite, Spinoza ne parle pas de bons et de méchants, de pécheurs et de justes, mais uniquement de sages et d'insensés. Cette opposition équivaut à celle de l'adulte et de l'enfant: « Celui qui, comme le tout petit enfant ou le jeune garçon, a un corps apte à très peu de choses et tout à fait dépendant des causes extérieures, a un esprit qui, considéré en lui seul, n'est presque en rien conscient de lui-même, ni de Dieu, ni des choses. Au contraire, celui qui a un corps apte à un très grand nombre de choses a un esprit, qui considéré en lui seul, est très conscient de lui-même, et de Dieu, et des choses.» (EV - 39 - Sc.). Ce passage de la théorie de l'esprit à une sorte d'esquisse de l'éthique proprement dite éclaire sous un nouvel angle le problème de la temporalité. En effet, la question des rapports entre durée et éternité apparaît à ce niveau comme une répétition (ou au contraire comme une préparation) de la question centrale qui nous préoccupe : celle des rapports entre l'Etre et la Valeur. Un lien intime unit ces deux couples au sein de l'éthique. La perspective valorisante sur l'Etre implique en effet, au niveau de l'action, la temporalité comme moyen de réalisation de la Valeur se présentant comme devoir-être : l'idée de progrès et de déchéance morale est inséparable de celle de Valeur comme idéal à atteindre. L'idéal implique en effet la distance et la possibilité pour moi de la franchir et de devenir meilleur. Spinoza pourra-t-il conserver encore cette notion de progrès moral après avoir exclu de l'Etre toute hiérarchie et toute Valeur ?... La durée n'est que la continuité indéfinie d'existence, c'est-à-dire le fait même pour l'essence de l'individu de persévérer dans son être. Cette essence a par elle-même une réalité qui est toujours par-delà le devenir, c'est-à-dire par-delà l'amélioration ou la déchéance : prendre conscience de la positivité de cette essence, c'est se saisir soi-même comme réel hors du temps, comme éternel. Penser réellement (penser vrai), agir réellement (agir par soi-même), c'est toujours manifester cette réalité éternelle parce qu'absolument positive. Et c'est pourquoi l'abolition de la Valeur dans l'Etre est ici préfigurée, dans cette abolition de la durée au sein de l'éternité... Ainsi s'achève la démarche de définition de l'esprit en opposition à la notion traditionnelle d'âme. Le point de départ était l'affirmation de la positivité absolue de la Pensée. l'extension du qualificatif « vrai » à toute idée, autrement dit l'abolition du sens que ce qualificatif ne tirait que de son opposition au « faux ». Il n'y a pas de pensée fausse, parce que la pensée est l'Etre lui-même conçu d'une certaine façon. Mais cette ontologisation de la pensée n'a pas entraîné, comme on aurait pu s'y attendre, une substantialisation correspondante de l'âme comme productrice de pensées. L'idée est le mode fondamental de la Pensée, et l'esprit humain lui-même ne peut être autre chose qu'une idée : le fait de « plonger » la Pensée dans l'Etre n'a donc pas érigé l'esprit en entité autonome relevant d'un au-delà ; il a au contraire rendu impossible la séparation de l'esprit et du corps tout en dévoilant l'absurdité des « concepts » d'union et d'influence réciproque. L'illusion de l'âme est donc un corrélat essentiel de la notion de transcendance : comme elle, elle est le signe de l'introduction d'une hiérarchie au sein de l'Etre, d'une valorisation directe du domaine qui aurait dû fonder la Valeur. Nous devons à présent revenir à la Pensée en elle-même, et à sa positivité telle qu'elle a été affirmée, pour pénétrer sur le terrain d'une autre « illusion métaphysique », celle de l'abstraction. En effet, les rapports de la Pensée et de l'Etre tels que les présentait la tradition vont devoir être remis en question à partir du nouveau statut acquis par la Pensée au sein de l'Etre.

B. — *L'illusion de l'abstraction* :

La démystification de cette illusion prend un tour très polémique dans la mesure où il nous faut entendre par abstraction toute une « philosophie du concept», telle qu'elle a pris son essor chez Platon et Aristote et qu'elle s'est fixée et institutionnalisée dans les diverses scolastiques. Cette philosophie du concept n'est pas une illusion arbitraire pouvant être imputée à une singulière méprise dans laquelle se serait engagée à un moment donné une école philosophique. Au contraire, si Spinoza s'attarde à la réfuter, c'est parce qu'elle est en quelque sorte une illusion nécessaire ou pour le moins essentielle à la pensée en général. En effet, l'appareil conceptuel que Nietzsche a comparé à une toile d'araignée constitue à la fois la réalisation et le constat d'échec de la pensée : les apories auxquelles Platon nous a menés au sein de sa dialectique entre le Logos et l'Etre sont le dévoilement de la nécessité et de l'impossibilité de penser. La pensée de l'Etre passe nécessairement par le Logos, c'est-à-dire par un discours sur l'Etre, discours qui le découpe avec ses catégories, qui le masque et l'étouffe autant qu'il le dévoile, ou plutôt qui ne dévoile de l'Etre que ce qu'il y a lui-même introduit : précisément ce Logos. Que l'ontologie ne soit qu'une grammatologie, c'est le danger permanent et nécessaire que Trendelenburg avait signalé de façon triviale en nous rappelant que les catégories de l'Etre chez Aristote n'étaient que les catégories de la grammaire grecque. Nous ne devons pas être arrêtés par la grossièreté de la « critique » : elle ne fait que matérialiser l'aporie fondamentale de la Métaphysique, cette nécessité-impossibilité de dire l'Etre. C'est pourquoi nous ne devons pas voir dans la critique spinoziste la simple raillerie d'une maladresse, d'une confusion ou d'une erreur : il s'agit de la définition du statut de la Pensée et de l'Etre à l'intérieur du discours métaphysique.

Spinoza distingue plusieurs niveaux dans cette critique du langage qui prétend dire l'Etre. Tout d'abord, il s'attaque à l'imagination proprement dite, liée à l'anthropomorphisme : « Quant aux autres notions, ce ne sont également que des façons d'imaginer qui affectent diversement l'imagination ; et pourtant les ignorants les considèrent comme les attributs principaux des choses, parce que, comme nous l'avons déjà dit, ils croient que toutes choses ont été faites pour eux (...). Chacun a jugé des choses selon la disposition de son cerveau, ou plutôt a considéré comme les choses elles-mêmes les affections de son imagination (...). Toutes les notions que le vulgaire a l'habitude d'utiliser pour expliquer la Nature ne sont que des façons d'imaginer, et ne révèlent la nature d'aucune chose, mais seulement la constitution de l'imagination ; et puisque ces notions ont des noms, comme s'il s'agissait d'êtres existant en dehors de l'imagination, je les appelle des êtres, non de raison, mais d'imagination. » (E. I. -

Appendice). En réalité, ce premier niveau de la critique accorde une assez considérable extension à la notion de «vulgaire», puisqu'il s'agit ici d'éliminer comme illusoires les notions de bien et de mal, d'ordre et de confusion, de beauté et de laideur, c'est-à-dire les cadres à l'intérieur desquels se meut une « ontologie » valorisante, autrement dit le discours moral sur l'Etre. Une composante essentielle de la Métaphysique tombe ainsi sous le coup de cette critique : tout le mouvement de « pensée » qui est orienté vers une justification de l'Etre, qui prend son origine dans le Pourquoi et dans le besoin de raison d'être. Que cette tendance se cache sous un vocabulaire apparemment exempt d'anthropomorphisme, qu'elle soit très éloignée de toute théodicée, ne change rien au fait essentiel : cette Métaphysique introduit le langage valorisant sur le terrain qui devait justement le fonder ; elle est amenée tôt ou tard aux apories du dualisme, ou à la pseudo-solution de la transcendance. Que cette métaphysique ne pense pas mais imagine, cela est évident. Ce qui l'est moins, c'est le rôle beaucoup plus discret du corps au deuxième niveau : celui des « notions communes » et des « termes transcendantaux ». Nous nous trouvons ici sur le terrain du raisonnement et non plus de l'imagination, mais ce terrain lui-même est entaché par la constatation initiale: «L'idée de chacune des façons dont le corps humain est affecté par les corps extérieurs doit envelopper à la fois la nature du corps humain et la nature du corps extérieur.» (E II-16). De cette théorie de la perception vont précisément naître les notions que Spinoza appelle « communes » : le corps humain est affecté par un corps extérieur au moyen de ce qu'il a de commun avec lui. La scission entre ces notions communes (aux corps extérieurs et à l'homme, et aux divers hommes entre eux) d'une part, et l'Etre d'autre part apparaît aussitôt : « Ce qui est commun à toutes choses et qui est également dans une partie comme dans le tout, ne constitue l'essence d'aucune chose singulière.» (E II-37). Au moyen de ces notions je ne saisis de la réalité d'une chose que ce qu'elle a de commun avec moi-même ou avec d'autres choses, c'est-à-dire que je ne saisis que ce qu'elle n'est précisément pas ; je passe complètement à côté de sa réalité singulière, de son essence. Toute la philosophie du concept se trouve ainsi accusée de tisser sa trame grammaticale, de jeter sur le réel un filet à mailles toujours trop larges, et de ne ramener que ses propres catégories. La critique du concept rejoint ainsi la « critique » de la perception : je ne perçois le mode fini qu'en l'opposant à tout ce qu'il n'est pas, c'est-à-dire que je ne le détermine qu'en le niant ; quant à son essence, elle reste à ce niveau un simple « en soi ».

Mais la critique de la philosophie du concept passe par une autre phase, celle de la généalogie : Spinoza se propose de démasquer l'origine de ces fictions que constituent les notions communes et universelles, par lesquelles la Métaphysique prétend établir un discours sur l'Etre. Tout d'abord, les causes qui sont à l'origine des termes dits Transcendantaux, comme Etre, Chose, Quelque chose : « Le corps humain, étant limité, n'est capable de former distinctement en lui-même qu'un certain nombre d'images à la fois ; si ce nombre est dépassé, ces images commenceront à se confondre (...). Lorsque les images se confondent entièrement dans le corps, l'esprit lui aussi imagine tous les corps confusément, sans aucune distinction, et les comprend, en quelque sorte, sous un seul attribut, à savoir sous l'attribut de l'Etre, de la Chose, etc. (...). Ces termes signifient des idées confuses au plus haut degré. » (E II - 40 - Sc. 1). Telle est donc l'origine de l'abstraction : une impossibilité de saisir l'essence particulière d'une pluralité d'objets à partir des « images » qu'en forme le corps. La philosophie du concept qui remonte de degré en degré, repose sur son sommet, le terme le plus abstrait. Spinoza la détruit en détruisant ce sommet : celui-ci ne peut rien expliquer puisqu'il ne correspond à aucune essence ; le terme le plus abstrait est aussi le plus vide parce qu'il cache sous l'apparente noblesse métaphysique une simple perception confuse, incapable de saisir l'essence de la chose, et ne retenant des diverses réalités que ce qu'elles *ont* en commun, c'est-à-dire ce qu'elles ne *sont* pas... Le concept est d'ailleurs attaqué également à la base, et pas seulement à son sommet le plus abstrait : « C'est de causes semblables que sont nées les notions que l'on appelle Universelles, telles que Homme, Cheval, Chien, etc. Par exemple, il se forme à la fois dans le corps humain tant d'images d'hommes, qu'elles dépassent la force d'imaginer ; non pas complètement sans doute, mais suffisamment pour que l'esprit ne puisse imaginer ni les petites différences qui existent entre ces hommes singuliers (la couleur, la taille, etc., de chacun), ni le nombre déterminé de ces hommes ; il n'imagine distinctement que cela seul qui est commun à tous, en tant que le corps est affecté par les dits hommes ; car c'est par l'élément commun que le corps a été le plus affecté, puisqu'il l'a été par chaque homme en particulier ; voilà ce que l'esprit exprime par le nom d'homme et ce qu'il affirme d'une infinité d'êtres singuliers. » Cette critique du «concept » d'Homme nous conduit à une constatation essentielle pour la suite du discours éthique : celle de l'anti-humanisme de Spinoza. L'homme est une abstraction, c'est-à-dire une fiction. Il n'y a pas d'essence de l'homme en général, il n'y a pas de nature humaine (que celle-ci soit déjà là ou à réaliser). Il n'y a que telle essence particulière, qui n'a de commun avec les autres que le fait qu'elle s'exprime à la fois par un mode de la Pensée et par un mode de l'Etendue. Mais Spinoza nous a déjà signalé qu'un attribut (c'est-à-dire la substance) ne constitue l'essence d'aucune chose singulière. Il y a Pierre, qui s'efforce de persévérer dans son être, d'agir : autrement dit, d'être lui-même consciemment, et non pas d'imiter Paul ou un modèle général, ni d'atteindre un but universel (le Bien en soi). Lorsqu'en parlant de l'essence de l'Homme, elle prétend saisir et connaître une réalité, la Métaphysique ne pense pas : elle imagine. Imaginer n'est pas faire une erreur, puisque toute idée, en tant qu'elle est rapportée à Dieu, est vraie. Cependant, l'imagination ne donne pas l'essence de la chose : par elle se produit une idée qui enveloppe « à la fois la nature du corps humain et la nature du corps extérieur ». L'entreprise de Spinoza apparaît ainsi comme un essai de démystification de l'idéologie : celle-ci imagine, et ne pense pas. Cette critique suppose par là même que Spinoza prétend penser au moment même où il dévoile le vide de pensée de la métaphysique traditionnelle. Cette prétention va se heurter immédiatement au problème que cette métaphysique est toujours prête à faire surgir : celui du criterium. Ce problème avait été éliminé du terrain de la Vérité dans un premier moment : Spinoza avait en effet refusé d'admettre qu'une pensée puisse être fausse. Mais, pour la métaphysique, il n'a fait ainsi que repousser ce problème « plus loin » : il va se poser maintenant au sujet de la Pensée elle-même. Toute pensée est vraie, soit... Mais quel est le critère qui pourra nous permettre de distinguer la pensée de la non-pensée, l'homme qui pense de celui qui imagine, la philosophie de l'idéologie métaphysique ?... Ce problème met en cause le statut du discours spinoziste, la validité de *l'Ethique* elle-même : Spinoza pense-t-il lorsqu'il dit que le métaphysicien ne pense pas ?...

C. — *L'illusion du critère* :

Que cette question du critère du discours soit posée nécessairement par la métaphysique traditionnelle, la preuve la plus évidente en est que Spinoza lui-même la pose, comme introduction à sa théorie de l'idée vraie. Il note en effet : « Remarquez bien que nous allons prendre soin de démontrer ici, non seulement ce que je viens de dire, mais encore que nous avons procédé jusqu'ici d'une façon correcte.» (TRE - §33). Ce point capital, qui met en question le fait que Spinoza lui-même pense, est débattu au sujet de la méthode de recherche de la vérité. A travers ce problème de la méthode c'est évidemment la question du critère qui est en jeu, puisque « logiquement» (mais cet adverbe renvoie déjà aux cadres de la métaphysique traditionnelle), avant d'employer une méthode de recherche du vrai, il faudrait être certain que cette méthode est la bonne, c'est-à-dire employer un autre critère et donc une autre méthode (au second degré) pour choisir la vraie méthode de recherche parmi les diverses autres. La Métaphysique qui veut commencer réellement son discours sur l'Etre est donc, soit rejetée de critère en critère dans une régression à l'infini, soit amenée à s'arrêter arbitrairement à un critère pour lequel ne se pose pas à nouveau la question du critère : il lui faut donc sauter à pieds joints dans le domaine de la transcendance (sous quelque nom qu'elle se cache), dans un au-delà qui résolve tous les problèmes tout en étant lui-même par-delà les problèmes, c'est-à-dire non-problématique. Cette deuxième solution a toujours été choisie par la Métaphysique, puisque la première lui interdisait de commencer son discours : c'est par exemple la vérité de l'évidence garantie par la véracité divine chez Descartes ; ce sera par la suite le recours au transcendantal: je suis en communication avec la Vérité, puisque c'est dans les catégories mêmes de ma «

pensée » que l'objet se constitue en tant que tel...

Spinoza refuse ce saut dans la transcendance : il ne peut que le refuser, puisque toute son ontologie n'est qu'un refus de la théologie. Il est par là même amené à remettre en question ce qui prétend lui interdire de commencer son discours : la notion de critère. Pourquoi la vérité aurait-elle besoin d'être fondée en vérité ? Pourquoi la pensée aurait-elle besoin d'un critère extérieur à elle pour être affirmée comme une pensée réelle, c'est-à-dire comme une pensée vraie ?... Ces questions préjugent de la réponse que Spinoza va leur apporter dans le *Traité de la Réforme de l'Entendement*, et qu'il abrègera dans la proposition 43 de la II° partie de *l'Ethique*. La démystification de l'illusion du critère passe d'abord par une analyse de ce qu'implique cette notion. Un critère de la vérité suppose un redoublement de la pensée, c'est-à-dire d'une part une idée, et d'autre part une idée de cette idée. C'est sur cette réflexivité que va porter le coup décisif : « L'idée du corps et le corps, c'est-à-dire l'esprit et le corps, sont un seul et même individu, qui est conçu tantôt sous l'attribut de la pensée, tantôt sous celui de l'étendue.

C'est pourquoi l'idée de l'esprit et l'esprit lui-même sont une seule et même chose, qui est conçue sous un seul et même attribut, à savoir celui de la pensée (...). L'idée de l'esprit, c'est-à-dire l'idée d'une idée, n'est rien d'autre que la forme d'une idée, en tant que l'idée est considérée comme un mode du penser, sans relation à un objet.» (E II - 21 - Sc.). C'est à partir de cette identification de l'idée et de son redoublement que la notion de critère va être exclue. La réflexivité va être exclue du discours sur l'idée vraie, ou plutôt, va être incluse dans l'idée et confondue avec elle, ce qui revient au même pour Spinoza. Puisque le redoublement de l'idée s'effectue toujours dans le même attribut (la Pensée), l'acte même de comprendre qui constitue cette idée se connaît nécessairement comme connaissant au moment même où il connaît : « Qui a une idée vraie sait en même temps qu'il a une idée vraie, et ne peut douter de la vérité de la chose (...). Avoir une idée vraie, en effet, ne signifie rien d'autre que connaître une chose parfaitement ou le mieux possible; et certes personne n'en peut douter, à moins de penser qu'une idée est quelque chose de muet comme une peinture sur un tableau, et non un mode du penser, à savoir l'acte même de comprendre ; et, je le demande, qui peut savoir qu'il comprend une chose, s'il ne comprend auparavant la chose, s'il n'est auparavant certain de cette chose ? c'est-à-dire qui peut savoir qu'il est certain de cette chose ? Et que peut-il y avoir de plus clair et de plus certain qu'une idée vraie, qui puisse être norme de vérité ? Tout de même que la lumière fait paraître elle-même et les ténèbres, de même *la vérité est sa propre norme et celle du faux.*» (E II-43 et Sc.). Ces «évidences» étaient pourtant ce que la métaphysique ne cessait de refuser lorsqu'elle demandait un critère extrinsèque de la Vérité. L'identification que Spinoza introduit ici entre l'idée et le critère correspond à celle qu'il avait déjà affirmée entre la Vérité et la Pensée : de même que, pour qu'une idée soit vraie, il suffisait qu'elle soit une idée réelle (une vraie idée et non une fiction), de même, pour savoir que je sais, il suffit que je sache. Dans le *Traité de la Réforme de l'Entendement*, Spinoza avait immédiatement tiré de cette théorie de l'idée des conséquences capitales concernant les rapports de la méthode pour la recherche du vrai et de ce vrai lui-même (comme pensée énoncée) : «Puisque donc la vérité ne requiert aucun signe, mais qu'il suffit de posséder les essences objectives des choses ou, si l'on préfère, les idées, pour supprimer tout doute, il s'ensuit que la méthode qui veut qu'on cherche le signe de la vérité postérieurement à l'acquisition des idées, n'est pas la vraie ; la vraie méthode, au contraire, est la voie par laquelle la vérité elle-même ou les essences objectives des choses, ou les idées (tout cela signifie la même chose), sont recherchées dans l'ordre qui convient (...). D'où il ressort que la méthode n'est rien d'autre que la connaissance réflexive ou l'idée de l'idée ; et puisqu'il n'est pas donné d'idée de l'idée sans que soit précédemment donnée une idée, il n'y a pas non plus de méthode si une idée n'est pas d'abord donnée. Donc, la bonne méthode sera celle qui montre comment diriger l'esprit selon la norme d'une idée vraie. » (TRE - §36-38). C'est-à-dire que la méthode est impossible : il est impossible d'établir un certain nombre de procédés pour amener l'individu à l'idée vraie, car cela équivaudrait à vouloir l'amener à penser. Seul l'homme qui pense réellement peut savoir qu'il est dans la Vérité et ce qu'est la Vérité. Une nouvelle fois Spinoza refuse la régression à l'infini et s'enferme volontairement dans le cercle de la philosophie et de la méthode identifiées : « On s'étonnera peut-être ici qu'après avoir dit que la bonne méthode montre comment l'esprit doit être dirigé selon la norme de l'idée vraie, nous le prouvions par un raisonnement : ce qui semble vouloir dire que ce n'est pas évident par soi. On pourrait même nous demander si ce raisonnement est correct (...). Pour prouver la vérité et bien raisonner, il n'est nul besoin d'instrument sauf la vérité elle-même et le bon raisonnement : car, le bon raisonnement, je l'ai confirmé en raisonnant bien et je tente encore de le justifier en ce moment.» (TRE - §43 - 44). La philosophie ne consiste pas à émettre des thèses ou des théories, et à discuter ensuite en essayant de prouver leur validité, c'est-à-dire leur conformité à un critère extérieur à elles-mêmes. Ce critère ne pourrait consister qu'en un recours à une transcendance valorisante que Spinoza a déjà refusé au plan de l'ontologie et qu'il refuse à nouveau ici au plan de la métaphysique. La pensée ne se « prouve » (ne s'éprouve) qu'en pensant ; la Vérité n'est pas ce qui juge la pensée, mais la pensée elle-même en tant qu'elle est réelle. Ce qui peut nous assurer de la validité de *l'Ethique*, ce n'est pas la conformité de son discours à un objet défini et posé hors d'elle : c'est la seule positivité (solidité, réalité, cohérence) de son discours lui-même. Ce qui peut nous assurer que Spinoza « dit vrai » c'est d'être nous-mêmes Spinoza et de re-penser *l'Ethique.*

La philosophie apparaît ici comme système auto-validant, orientation radicalement neuve, qui sera reprise par Hegel. Il ne suffit pas de dire à présent la fameuse banalité : tout refus de la métaphysique est lui-même métaphysique. Par « refus de la métaphysique », nous entendons simplement en effet : refus d'un discours qui se meut dans les catégories de la Transcendance ; d'un discours visant «inconsciemment » à remplacer la théologie, c'est-à-dire le langage moral sur l'Etre. Le domaine de la métaphysique traditionnelle était en effet celui vers lequel la désacralisation du fondement onto-théologique avait fait reculer la Valeur. La « pure philosophie», la « connaissance », la « vérité », n'étaient que la position de repli d'une transcendance valorisante. Spinoza avait déjà refusé la première solution de facilité qui consistait à introduire directement la Valeur dans l'Etre à travers les catégories de Parfait et d'Imparfait. Il refuse à nouveau de l'introduire à travers les catégories de Vrai et de Faux : le domaine de la Pensée, qui avait été posé comme devant les fonder, apparaît maintenant à son tour comme domaine absolument positif, réel, qui exclut précisément toute valorisation et tout langage la supposant. Le domaine du fondement se réduit à nouveau, tel la peau de chagrin : l'axiologie ne peut trouver son fondement ni dans une ontologie (théorie de l'Etre), ni dans une métaphysique (théorie de la Pensée). Il ne lui reste plus que le domaine qui aurait dû être, originellement, celui de son « application » et non de son fondement : le domaine de l'Action proprement dite.

CHAPITRE TROISIÈME

L'A-MORALE

PAR-DELA LE BIEN ET LE MAL

Il est temps à présent de dégager le sens de la progression que nous avons adoptée et qui nous a fait passer de l'Etre à la Pensée et de la Pensée à l'Action. Nous avions dit en effet au début que cette succession apparemment arbitraire se justifierait par la suite. Cette justification doit s'inscrire dans le cadre d'une «logique de la philosophie ». Le sens de cette dernière expression se définit tout d'abord par une double négation : en premier lieu, elle ne prétend pas décrire la démarche de pensée effective (consciente) d'un philosophe particulier, en suivant l'ordre chronologique des stades d'élaboration théorique par lesquels il est passé « en fait » ; en second lieu, elle ne prétend pas retracer le mouvement par lequel une « philosophia perennis » se serait dégagée des moments successifs de la Pensée, concrétisés chacun par le point de vue partiel d'un philosophe singulier. Il ne s'agit en aucun cas d'une histoire de la pensée, individuelle ou collective. Il s'agit pour nous de penser, c'est-à-dire de suivre la nécessité même de la pensée, une fois posée au départ la nécessité de penser qui coïncide avec le caractère contradictoire et insatisfaisant du terrain pré-noétique. La perspective de la logique de la philosophie refuse de faire entrer en ligne de compte la « contingence » de succession des philosophes, de leurs écrits, des thèses, idées ou stades d'élaboration de leurs doctrines à l'intérieur de leurs écrits. Ce qui nous intéresse ici, c'est le mouvement par lequel la pensée doit passer lorsqu'elle accepte de ne prendre pour norme d'exposition que sa propre nécessité interne et non plus la progression par bonds qui a peut-être été effectivement la sienne.

La démarche de pensée que Spinoza critique et refuse tout en empruntant son propre chemin est celle qui est issue du besoin de Valeur, c'est-à-dire du besoin de justification de l'action humaine : l'individu choisit à tout moment, opte, préfère, même et surtout lorsqu'il refuse de choisir ; il voudrait bien s'entendre dire qu'il a eu raison d'agir ainsi, qu'il a bien fait, et que c'est ainsi que l'on doit faire. C'est à ce niveau que s'enracine le besoin du fondement et l'unité si longtemps recherchée de la théorie et de la pratique. Et c'est la banalité de ce niveau que nous allons nous efforcer de lire en filigrane à travers le masque spéculatif qu'elle a pris jusqu'ici.

Le premier moment de cette recherche du fondement prétend enraciner directement la différence axiologique dans une différence ontologique : cette immédiateté apparaît comme la solution la plus simple (et Spinoza la dénoncera précisément comme la solution la plus facile). L'ontologie, pour fonder la Valeur sur son terrain, se contente en effet de présenter la Valeur comme déjà présente au sein de l'Etre ; pour justifier la distinction entre une action valable et une action non-valable, elle reporte ces qualificatifs sur l'être même que cette action exprime ou manifeste : le fondement de la valorisation de l'action est posé d'avance par une valorisation correspondante et préalable de l'origine de cette action. L'action est meilleure parce que l'être de l'individu est plus parfait. Au niveau de ce premier moment, le « fondement » n'est atteint que par une scission préalable entre l'être et l'agir. Nous avons suivi Spinoza qui, prenant au sérieux le domaine de ce fondement ontologique, a été amené par là même à l'épurer précisément de toute catégorie valorisante (parfait ou imparfait) et à le poser dans sa positivité absolue. La prise au sérieux de ce domaine, qui aurait dû être celui du fondement, a donc conduit Spinoza à lui refuser tout ce par quoi il aurait pu devenir fondement d'autre chose que de lui-même : tous les caractères qui auraient pu rendre possible une déduction de la morale à partir de l'onto-théologie. Ce refus nous permet déjà de prévoir que Spinoza devra aussi refuser la scission qui correspondait à la dualité fondement/fondé : l'être et l'agir.

La recherche du fondement est ainsi forcée de reculer une première fois; et ce recul vers le domaine de la Pensée est à nouveau le masque spéculatif sous lequel se cache une dimension extrêmement banale : si un être ne peut être dit plus parfait qu'un autre, la hiérarchisation des actions devra se fonder sur une hiérarchisation de leurs motivations, de ce en vue de quoi elles ont été accomplies, de l'idée qui les guide, de l'opinion qui prétend les justifier. Cette scission entre le penser et l'agir exige un critère de valorisation de la pensée elle-même : l'action est meilleure parce que la pensée qu'elle manifeste est « plus vraie ».

C'est donc à nouveau une valorisation directe du fondement lui-même qui seule peut permettre la déduction d'une valorisation correspondante de l'action. Et Spinoza est à nouveau amené, par la simple prise en considération de la Pensée en tant que domaine du fondement possible, à exclure de ce domaine toute catégorie valorisante (vrai ou faux) pour l'affirmer comme absolue positivité. Ces deux moments ont donc vu la prise d'être, qui était censée fonder une déduction de la Valeur, se clore sur elle-même et retarder indéfiniment — puis rendre finalement impossible — toute sortie de l'Etre vers la Valeur : en effet la déduction de la Valeur ne pouvait se faire dans les deux cas que par une pétition de principe consistant à avoir toujours déjà introduit un langage valorisant dans ce qui devait précisément justifier ce langage.

Ce deuxième recul ne laisse plus pour fondement à la Valeur que le terrain sur lequel était né le problème lui-même : celui de l'Action en tant que telle, sans référence aucune à l'Etre ou à la Pensée. Le recours à l'Action elle-même comme domaine de l'auto-fondation de la Valeur, exprime à son tour un raisonnement assez trivial qui nous présente dans toute sa crudité le sens de ce double recul. L'individu de l'idéologie (si tant est que son contraire existe) considère le philosophe comme un jeune animal assez fou qui gambaderait autour du pieu auquel il est attaché, mais que sa laisse ramènerait tôt ou tard à son point de départ. Cet individu de l'idéologie vit dans un monde valorisé c'est-à-dire que la valeur est le point aveugle de son oeil : celui par lequel, autour duquel il voit, mais qu'il ne peut lui-même voir en tant que tel. Le philosophe qui prend la Valeur comme objet à fonder, à justifier, fait éclater le scandale car il suppose par là-même que la Valeur « ne va pas de soi » : à partir du moment où la perspective de vision est saisie en tant que telle, elle est posée comme contingente et relative. Fort heureusement, le philosophe par qui le scandale arrive essaie immédiatement de se racheter : il rassure son interlocuteur en affirmant que la philosophie se contentera désormais de justifier cette Valeur qu'elle a prise pour objet ; que, si elle s'est provisoirement éloignée d'elle, ce n'est que pour mieux la fonder et donc la rendre inébranlable. Et le non-philosophe sourit intérieurement, car il voit la laisse. Il peut désormais aller vaquer à ses occupations : il sait que le philosophe reviendra sagement se coucher vers le soir près de son piquet. Le philosophe n'est pas un homme dangereux : il peut bien dire qu'on ne peut fonder la Valeur sur l'Etre, qu'on ne peut non plus la fonder sur la Pensée... Il ne fait par là que revenir vers son point de départ que notre individu, lui, n'a pas quitté. Le philosophe reconnaîtra finalement la Valeur comme un « fait », comme ce sans quoi on ne peut pas vivre et, n'est-ce pas, « il faut bien vivre »... Et le philosophe se remettra effectivement à vivre comme si ce détour n'avait pas eu lieu : la laisse l'a ramené à la « réalité », il est redevenu un fonctionnaire raisonnable, et rien ne le distingue plus, dans la rue, de notre homme. La société peut continuer de ronronner en paix : « il ne s'est rien passé ». C'est pourquoi l'individu normal sourit chaque fois qu'il voit un philosophe partir à l'assaut du fondement : il sait que « les valeurs » sont déjà là et que, si le philosophe peut s'en éloigner, c'est pour mieux revenir en elles. Fondées ou non, elles constituent ce autour de quoi il tourne et qui lui donne l'illusion de la liberté de mouvement... Et c'est avec ce même sourire rassuré que le théologien hollandais a vu partir Spinoza : celui-ci parlait de Dieu, d'esprit, de vérité, de raison et de salut... Un monsieur très poli qui rentrerait bien vite au bercail. Ce que n'avait pas prévu notre théologien, c'est que les deux premiers pas de ce philosophe n'étaient qu'une prise d'élan pour faire le troisième qui allait arracher le pieu et la laisse. Ce qui ne s'était jamais produit avec les gens bien élevés comme Monsieur Descartes, c'est que Spinoza, pris par son propre rythme, «oublie » de rétrograder lorsqu'il sent la tension de la laisse : la Valeur n'a pu être fondée à partir de l'Etre ; elle n'a pu être déduite de la Pensée... C'est ici que devrait se situer l'amorce du retour : tout arrière-monde étant écarté (la Vérité et Dieu lui-même), l'action humaine conserverait alors miraculeusement un sens, une valeur à instaurer, et le devoir-être se présenterait comme le dernier refuge de la Valeur rejetée par l'Etre... Hélas, ce point crucial est précisément pour Spinoza le point de non-retour, et la même démarche qui avait rendu chaque fois impossible la déduction par la simple affirmation de la positivité du « fondement », va se répéter ici pour l'Action : Spinoza va refuser de renier sa propre démarche ou de la restreindre aux domaines non dangereux ; sa lucidité sera absolue ou ne sera pas. Le retour de la philosophie à l'idéologie de départ, tel qu'il est pratiqué par Descartes, Leibniz ou Kant, sera désormais impossible : autant vaudrait n'être jamais parti. Si la philosophie s'arrête au moment de la remise en question de la perspective idéologique qui la porte et qui l'a rendue possible, c'est qu'elle a peur d'être elle-même. Spinoza ignore cette peur.

I — LA POSITIVITE DE L'ACTION

L'ultime recours de la recherche du fondement de la Valeur va donc devoir se cantonner dans le domaine de l'Action : celle-ci devrait justifier le langage valorisant qui se lisait en filigrane derrière tous les autres discours que la démarche philosophique avait tenté de fonder. En effet, derrière la tentative de justification des catégories de Parfait et d'Imparfait, de Vrai et de Faux, c'est-à-dire derrière la tentative de valorisation du domaine ontologique ou noétique, il s'agissait bien d'une justification de la praxis. Ce but caché se dévoile enfin lorsqu'on ne lui laisse plus que la solution extrême de se fonder lui-même sur son propre terrain. Et l'importance de ce dernier maillon est révélée par la relative facilité avec laquelle est accepté le double échec de la tentative de justification : peu importe en définitive que le philosophe ne soit pas arrivé à fonder le sens de l'action sur l'Etre ou sur la Pensée. Cela ne fait que le ramener sur le terrain de l'évidence première qu'il n'aurait jamais dû quitter : après l'échec de sa pensée, il va bien être obligé de se remettre à vivre, c'est-à-dire à choisir en fonction d'une Valeur qu'il n'aura pas fondée par son discours mais qu'il sera forcé de reconnaître implicitement comme « valable » sous peine de ne plus pouvoir continuer à exister. Le secret espoir de l'individu de l'idéologie est que précisément le philosophe n'arrive pas à fonder le sens de l'action, car il consacrerait ainsi l'échec de la philosophie et la victoire de l'idéologie dans laquelle le philosophe continue à vivre. Le dernier moment de la démarche spinoziste sera donc une tentative d'élucidation totale du terrain de l'action ; un examen de sa positivité propre dans le rapport qu'elle entretient avec la possibilité ou l'impossibilité d'une déduction de la Valeur à partir d'elle — c'est-à-dire à partir du domaine où s'incarne cette Valeur. Le langage valorisant qui devrait pouvoir se déduire de cette élucidation du domaine de l'action est celui qui s'exprime dans les catégories de Bien et de Mal. Et, tout comme les catégories de Parfait et d'Imparfait avaient posé le problème du rapport de Spinoza à la théologie (c'est-à-dire à un discours valorisant l'Etre) ; tout comme les catégories de Vrai et de Faux avaient posé celui de son rapport à la métaphysique (c'est-à-dire à un discours valorisant la Pensée) ; de même, les catégories de Bien et de Mal posent à présent la question de son rapport à la morale : c'est-à- dire à un discours valorisant l'action, introduisant une hiérarchie entre les diverses actions, l'une étant jugée « plus valable» que l'autre en elle-même, sans rapport avec la perfection de l'être qui en est la source, ou avec la vérité de la pensée qui prétend la justifier. Cette restriction est capitale, car il s'agit désormais pour Spinoza d'envisager l'action en elle-même et de tirer de sa seule essence le sens ou le non-sens d'un langage la valorisant : c'est-à-dire de décider si une morale est déductible d'une anthropologie en tant que théorie de l'action humaine, ou si toute déduction du Bien et du Mal n'est qu'une pétition de principe, un discours qui parle déjà dès le début dans le langage dont il prétend fonder la validité.

A— *La positivité de l'Action dans son rapport à la positivité de l'Etre* :

Cette positivité de l'Action telle qu'elle est cernée dans la III° partie de *l'Ethique* est délimitée selon deux axes principaux: tout d'abord selon la distinction activité-passivité à l'intérieur du domaine général de l'Action ; et en second lieu, cette même distinction est centrée elle-même autour de la notion d'Etre, d'essence ou de nature de celui qui agit. « Je dis que nous sommes actifs lorsque, en nous ou hors de nous, il se produit quelque chose dont nous sommes la cause adéquate, c'est-à-dire lorsque de notre nature il suit en nous ou hors de nous quelque chose que l'on peut comprendre clairement et distinctement par elle seule. Mais je dis, au contraire, que nous sommes passifs, lorsqu'il se produit en nous quelque chose, ou que de notre nature suit quelque chose dont nous ne sommes que la cause partielle. » (E III - déf. 2).

Le sens que Spinoza va attribuer à cette opposition actif-passif empruntée à la tradition sera déterminé par le second axe, celui de l'essence, c'est-à-dire par le rapport entre la positivité de l'Action et la positivité de l'Etre. En effet, dans les deux cas, c'est relativement à la notion d'essence que Spinoza situe l'activité et la passivité. Quelle que soit la qualification qu'il attribue à l'Action, celle-ci est présentée dans tous les cas comme la manifestation de l'essence de l'individu (et non de l'essence de l'Homme), comme « ce qui suit » de sa nature. Et l'intimité de ce rapport va même beaucoup plus loin : en effet, l'affirmation d'un lien entre l'essence et l'action qui la manifeste s'accommode encore de la scission que nous avons déjà signalée entre l'être et l'agir. Or, le sens nouveau que prend la positivité de l'Action pour Spinoza abolit précisément cette scission ; et Spinoza répète souvent que « être, exister, agir, vivre, tout cela signifie la même chose ». L'Action, antérieure pour le moment à toute qualification, est plus qu'un effet qui aurait pour cause (adéquate ou non) la réalité de l'individu : l'Action est l'essence même de l'individu en tant que manifestée ; « ce qui suit » n'est pas différent ni d'une autre nature que ce qui précède. Et cette identité entre l'être et l'agir est confirmée et précisée par ce qui peut paraître, au premier abord, une réponse à la question : pourquoi l'individu agit-il ? « Chaque chose, selon sa puissance d'être, s'efforce de persévérer dans son être. » (E III - 6). En fait, cette proposition, prise non en elle-même mais en tant que proposition de la III° partie de *l'Ethique*, ne constitue pas une réponse à la question Pourquoi, mais précisément, un refus de prendre en considération cette question. Le Pourquoi avait été éliminé lorsque l'ontologie s'était présentée comme impossibilité radicale d'un retour à la théologie. Cette abolition correspondait à l'éviction de la transcendance, c'est-à-dire d'une origine de l'Etre qui se trouverait toujours au-delà de l'Etre. Le même mouvement se reproduit ici. Et cette « répétition » est rendue nécessaire par l'affirmation de la positivité absolue de l'Etre. Les notions de possibilité et d'actualité étaient liées au langage aristotélicien de valorisation des régions de l'Etre : l'individu n'étant jamais pleinement ce qu'il aurait dû être, son existence ne coïncidait jamais parfaitement avec son essence. Spinoza donne à la notion d'essence sa pleine positivité : il lui ôte tout ce qui pouvait faire d'elle un quelconque idéal à atteindre, une simple virtualité, et lui redonne un statut ontologique. L'essence est la réalité actuelle de l'individu ; il n'y a pas d'essence de l'Homme : il n'y a que l'essence de tel individu en tant qu'il existe actuellement de façon déterminée. La distinction classique entre Dieu dont l'essence et l'existence coïncident, et l'homme chez lequel il y aurait toujours scission entre les deux — distinction que Spinoza reprend parfois pour son propre compte — peut être dépassée dans l'esprit même du spinozisme. Chez l'homme lui-même, qui pourtant n'existe pas par la seule nécessité de son essence, la scission entre existence et essence est fictive et abstraite. L'essence de l'individu n'est pas une réalité transcendante qui se trouverait toujours par-delà ses manifestations «concrètes» dans l'action. Cette dernière théorie n'était que le masque spéculatif de cette affirmation banale : je vaux « en réalité» bien plus que ce que je fais. Pour Spinoza, la manifestation et la réalité de l'individu sont une seule et même chose: l'individu n'est jamais autre chose que ce qu'il fait ; de même qu'il fait ce qu'il est, il n'est que ce qu'il fait ; son essence n'est jamais cause transitive, mais uniquement cause immanente. L'Etre et le Faire sont une seule et même réalité. Cette identification entraînera une unité de la théorie et de la pratique que nous aurons l'occasion de souligner par la suite. L'Action n'est donc pas une réalité à part émanant de l'être individuel : elle est cet être lui-même en tant qu'il s'affirme. Et cette affirmation n'est pas une émanation ou une propriété qu'il posséderait : elle est sa propre essence, c'est-à-dire la puissance qu'il a d'exister, de persévérer dans son être — puissance qui n'est autre que sa réalité même, sa positivité. « L'effort par lequel chaque chose s'efforce de persévérer dans son être n'est rien en dehors de l'essence actuelle de cette chose. » (E III-7). La positivité de l'Action n'est donc rien d'autre que la positivité de l'Etre lui-même. Cette thèse essentielle doit être mise immédiatement en rapport avec l'essence de l'individu telle qu'elle avait été définie relativement à la positivité de la Pensée. A ce niveau, Spinoza avait en effet refusé une autre scission traditionnelle : celle de l'âme et du corps. La réalité individuelle peut être envisagée sous l'attribut de la Pensée ou sous celui de l'Etendue, mais elle n'est en aucune façon divisée en elle-même pour cela : il n'y a pas de déchirement dans l'individu entre deux réalités d'ordre différent, valorisées et hiérarchisées. Son corps est tout lui-même, exprime toute son essence, au même titre que son esprit. Ce refus de la scission va se traduire au plan de l'Action par un refus du déchirement entre action et passion. Dans l'esprit de la tradition, essentiellement manichéenne, le combat (à l'intérieur de l'individu) entre l'âme et le corps se traduisait par une lutte entre l'activité et la passivité : l'activité désignait l'individu agissant sous la conduite de l'âme, la passivité l'individu soumis aux pulsions du corps. Il s'agit donc pour la tradition de valoriser l'action à partir d'une hiérarchisation entre les origines de ces actions, entre les deux types d'hégémonie possibles. Spinoza conserve, nous l'avons vu, l'opposition activité-passivité, mais ne peut pas la rattacher à l'opposition âme-corps. Cette opposition rendait solidaires et inversement proportionnelles les quantités respectives d'activité et de passivité à l'intérieur du même individu. Plus l'esprit dirigeait l'action, et plus le corps subissait cette hégémonie ; et inversement, plus les impulsions corporelles dirigeaient l'action, et plus l'esprit était passif. Spinoza refuse ce manichéisme : «L'ordre des actions et des passions de notre corps correspond, par nature, à l'ordre des actions et des passions de l'esprit (...). Le décret de l'esprit, aussi bien que l'appétit et la détermination du corps, vont ensemble par nature, ou plutôt sont une seule et même chose que nous appelons Décret quand elle est considérée sous l'attribut de la Pensée et s'explique par lui, et que nous nommons Détermination quand elle est considérée sous l'attribut de l'Etendue et se déduit des lois du mouvement et du repos. » (E III - 2 - Sc.). L'Action ne peut être entachée par son origine : qu'elle soit activité du corps ou de l'esprit, elle ne peut être dans tous les cas qu'une suite nécessaire de la nature même de l'individu, c'est-à-dire de son effort pour persévérer dans son être. L'activité et la passivité ne marquent plus une origine irrémédiablement « bonne ou mauvaise », c'est-à-dire spirituelle ou corporelle : elles désignent simplement le mode sur lequel se présente cette Action, c'est-à-dire le degré d'influence extérieure qu'il faut attribuer aux affections et ajouter à l'essence propre de l'individu pour arriver à saisir la réalité entière de cette action. Et c'est pourquoi le corps « lui aussi » peut être actif, et il est même d'autant plus actif que l'esprit l'est aussi : et l'inverse est également vrai. «Plus un corps est apte, par rapport aux autres, à être actif ou passif de plus de façons à la fois, plus son Esprit est apte, par rapport aux autres, à percevoir plus de choses à la fois. » (E II-13-Sc.). La positivité même de l'Action, prise dans son rapport d'identité avec la positivité de l'essence, nous conduit ainsi au point essentiel : le moment où la valorisation de l'Action devrait intervenir. Un premier point d'ancrage possible de cette valorisation a déjà été éliminé : celui de l'origine de l'action. Il n'y a pas de hiérarchisation possible entre les deux origines, puisque l'action, dans les deux cas, est l'être même de l'individu tendant à persévérer dans son être. La valorisation de cette action pourra-t-elle subsister indépendamment de tout recours à l'origine ?

B. — *L'abandon du langage de valorisation de l'Action : Vertu et Puissance* :

Nous nous sommes déjà précédemment familiarisés avec une démarche de pensée que Spinoza reprend et applique à différents domaines (ce terme ne désignant que les moments successifs que l'exposition a dû nécessairement séparer). Cette démarche consistait à conserver dans le discours philosophique un qualificatif valorisant employé par la tradition, et à lui ôter tout son sens en l'étendant précisément à la totalité du domaine qu'il était primitivement chargé de diviser en régions hiérarchisées.

C'est ainsi que nous avons vu Spinoza abolir l'onto-théologie traditionnelle en étendant à la totalité de l'Etre le qualificatif « parfait » qui ne tirait son sens valorisant que du fait qu'il s'opposait toujours à une région de l'Etre qualifiée d'imparfaite. Nous l'avons vu ensuite abolir la « métaphysique » traditionnelle en étendant à la totalité de la Pensée le qualificatif « vraie » qui perdait tout son sens, puisqu'il ne s'opposait plus à une région de la Pensée fausse. Spinoza a affirmé explicitement : « Par réalité et perfection, j'entends la même chose. » Il aurait pu dire de façon tout aussi nette : « Par pensée et vérité, j'entends la même chose. » Et dans les deux cas, l'identification complète d'un terme valorisant avec le domaine « ontologique » correspondant conduit à une suppression pure et simple de toute valorisation au profit de la simple affirmation de la positivité de l'Etre ou de la Pensée. Comme nous l'avons déjà annoncé, Spinoza va refuser de renier cette démarche lorsqu'il arrivera sur le terrain de l'Action, dernier refuge de la Valeur. L'Action possède une positivité absolue, qui coïncide avec la positivité de l'essence de l'individu agissant : pourquoi ferait-elle exception ? c'est-à-dire pourquoi tenterait-on de minimiser cette positivité en introduisant une référence (justificatrice et donc valorisante) à un terme transcendant ? Une fois établie la positivité « ontologique » de l'Action, que peut bien signifier le fait de qualifier une action de bonne ou de mauvaise ?... Spinoza s'attaque à ces catégories du langage valorisant à travers la notion de Vertu. La Vertu est, pour la tradition morale, l'«habitus » de celui qui agit «bien ». Spinoza, par une démarche qui a été caricaturée par la suite à force d'être vulgarisée, revient, par-delà l'affaiblissement du terme dû à sa christianisation, à la force du sens primitif latin (virtus) retrouvée par la Renaissance italienne (virtù) : la Vertu n'est pas la conformité de l'action à une règle morale extérieure, mais la manifestation par l'action de l'essence de l'individu, de sa puissance, de sa « virilité ». Cette action vertueuse peut alors être qualifiée de bonne, et Spinoza feint de conserver encore cet adjectif. Mais qui ne voit que la définition de l'action vertueuse est exactement la même que celle qu'il nous a déjà don- née de l'Action tout court ? Etre vertueux c'est manifester par son action son essence, sa puissance d'être : agir est la même chose. Ce qui revient à dire que la Vertu et l'Action (en tant que manifestation de la puissance) sont identiques : toute action est nécessairement vertueuse, puisqu'elle exprime mon essence. Et l'extension de la notion de Vertu à la totalité de l'action ôte à cette notion tout son pouvoir valorisant : dire que toute action est la manifestation de la Vertu, c'est-à-dire, dans l'ancien langage, qu'elle est bonne ou moralement valable, c'est dire que les termes Vertu, bon, moral, ont perdu leur sens puisqu'ils ne tiraient celui-ci que de l'opposition qu'ils introduisaient au sein même de l'Action, entre une action bonne, morale, et une autre action mauvaise, immorale. Toute action manifeste l'essence de l'individu, c'est-à-dire que l'action est par-delà le Bien et le Mal, puisque l'action mauvaise était celle qui éloignait l'individu de son es- sence (de l'Homme en tant qu'idéal à atteindre). L'abandon de ce langage de valorisation de l'Action est annoncé par la définition 8 de la IV° partie de *l'Ethique* : « Par vertu et puissance, j'entends la même chose, c'est-à-dire que la vertu, en tant qu'elle se rapporte à l'homme, est l'essence même de l'homme, ou sa nature, en tant qu'il a le pouvoir de faire certaines choses qui peuvent être comprises par les seules lois de sa nature. » La vertu est donc la puissance d'agir : la vertu de l'esprit est de penser, la vertu du corps est de se mouvoir et non d'être mû. Et c'est en effet uniquement à ce niveau qu'est introduite l'opposition activité-passivité qui coïncide donc avec l'opposition puissance-impuissance. L'action prise en elle-même dans sa pure essence possède une plénitude, une réalité, une épaisseur d'être qui exclut par avance toutes les tentatives visant à minimiser une action par rapport à une autre. En rejetant cette valorisation « en soi » de l'action, Spinoza refuse par avance toute morale de l'acte, tout système de classement des actions selon leur essence propre dans les catégories de Bien et de Mal. Une hiérarchisation des actions est impossible si l'on n'envisage que leur essence : tout comme, au plan purement ontologique, un brin d'herbe avait autant de réalité (de perfection) qu'un homme ; de même, toute action elle- même est l'essence de l'individu ou sa puissance d'être en tant que manifestée. « Ce qui donne au mal, à l'erreur, au crime leur forme propre ne consiste nullement en quoi que ce soit exprimant une essence ; on ne peut pas dire, par conséquent, que Dieu en soit cause. Le meurtre de sa mère, dont Néron s'est rendu coupable, n'était pas un crime sous l'aspect positif de l'acte accompli. » (L. 23). La valorisation de l'action relativement à une norme transcendante, extérieure à l'individu agissant, est abolie : reste à considérer l'action dans sa liaison avec l'essence de l'individu, ou plutôt l'essence actuelle de cet individu, considérée en elle-même, sans recours à un critère extérieur. C'est à ce niveau que Spinoza va introduire le sens radicalement nouveau qu'il donne au couple actif-passif en liaison avec un autre couple, que l'on aurait pu croire lui aussi exclu : le couple bon-mauvais. « [Le bon et le mauvais ne manifestent] rien de positif dans les choses, du moins considérées en elles-mêmes, et ne sont que des modes de penser, c'est-à-dire des notions que nous formons parce que nous comparons les choses entre elles. En effet, une seule et même chose peut être, dans le même temps, bonne et mauvaise, et aussi indifférente (...). C'est ainsi, mais il nous faut bien conserver ces termes. Car, puisque nous désirons former une idée de l'homme qui soit comme un modèle de la nature humaine devant nos yeux, il nous sera nécessaire de conserver ces mêmes termes dans le sens que j'ai dit.

Par *bon*, j'entendrai donc par la suite ce que nous savons avec certitude être un moyen de nous rapprocher du modèle de la nature humaine que nous nous proposons ; par *mauvais*, au contraire, ce que nous savons avec certitude nous empêcher de réaliser ce modèle. Ensuite nous dirons que les hommes sont plus ou moins parfaits, suivant qu'ils approchent plus ou moins de ce même modèle. Car il faut avant tout remarquer que, lorsque je dis qu'on passe d'une moindre à une plus grande perfection, et inversement, je ne veux pas dire qu'on passe d'une essence ou d'une forme à une autre ; en effet, un cheval, par exemple, est détruit aussi bien s'il se change en homme qu'en insecte ; mais je veux dire que nous concevons sa puissance d'agir — en tant qu'on le comprend par sa nature — augmentée ou diminuée. » (E IV-Préface). La fin du passage, semblant apporter une simple précision de vocabulaire, exclut en fait, et définitivement, toute l'interprétation traditionnelle et rassurante qui semblait pouvoir se greffer sur les expressions : modèle de la nature humaine, se rapprocher du modèle, devenir plus parfait... Le « modèle » de la nature humaine que nous proposera Spinoza n'a rien à voir avec un idéal trans- cendant à atteindre : il n'y a pas de nature humaine, il ne peut donc y avoir de progrès ni de déchéance par rapport à un modèle à réaliser. L'individu ne peut pas devenir autre chose que ce qu'il est : d'une part il serait détruit en tant qu'individu, et d'autre part il ne peut même pas tendre à devenir autre, car tout appétit ou désir n'est que tendance à persévérer dans son être. Ce avec quoi il a à coïncider, c'est sa propre essence unique et singulière ; ce qu'il a à remplir, c'est sa propre puissance d'agir, c'est-à-dire d'exister ou d'être. L'activité et la passivité ne désignent, à ce moment-là, que le degré dans lequel l'action envisagée découle de l'essence de l'individu, c'est-à-dire peut être expliquée adéquatement par cette seule essence. Etre pleinement actif, coïncider avec ma propre puissance d'agir ou d'être, c'est accomplir des actions pleinement miennes, c'est-à-dire qui découlent nécessairement et uniquement de ma propre nature. Les qualificatifs « bon et mauvais » ne peuvent plus alors désigner l'action en tant que telle : ils ne peuvent qualifier que quelque chose d'extérieur à moi (objet ou processus), envisagé comme moyen de coïncider ou non avec ma propre réalité, c'est-à-dire d'augmenter ou de diminuer ma puissance d'agir (d'être pleinement moi-même). Ces qualificatifs n'introduisent en aucune façon une valorisation de l'Action en elle-même, et Spinoza les remplacera souvent par ceux — beaucoup moins «moraux » — d'utile et de nuisible.

« Par-delà le Bien et le Mal, cela du moins ne veut pas dire par-delà le bon et le mauvais. » (*Généalogie de la Morale* - I-17). Cette phrase de Nietzsche est éminemment spinoziste. Nous assistons en effet ici au mouvement opposé à celui de l'ontologie : là, Spinoza avait aboli les qualificatifs de parfait et d'imparfait pour conserver uniquement le substantif, l'Etre. Ici, il abandonne les valeurs substantialisées : le Bien et le Mal, et se replie sur les qualificatifs bon et mauvais qui relèvent d'une nécessité de langage, et non d'une valorisation réelle. La substantialisation de l'ontologie nous a donc conduits à une « adjectivation » de l'éthique, c'est-à-dire à un refus d'accorder une quelconque positivité, un statut ontologique aux anciennes «valeurs morales ». Il ne s'agit donc pas ici d'un renversement de valeurs c'est-à-dire d'un immoralisme, mais d'une abolition, d'une évacuation définitive de toute perspective et de tout langage valorisants : il s'agit d'un a-moralisme. Au plan politique, chez Spinoza comme chez Hobbes, Hegel ou Marx, le droit est « confondu » volontairement avec la force, de même qu'au plan éthique la Valeur est confondue avec l'Etre, l'ordre de ce qui doit être avec l'ordre de ce qui est. Spinoza répète tout au long du *Tractatus Politicus* cette thèse sous diverses formes : « Le droit dont jouit, selon la nature, toute réalité naturelle est mesuré par le degré de sa puissance, tant d'exister que d'exercer une action. » (TP-II-3). C'est là une attitude fondamentale d'une certaine façon de penser la politique et la métaphysique : c'est la position de la réduction, de l'immanence, que nous trouvons déjà chez Parménide, avec l'identification de la pensée et de l'être. Ce mode de pensée exprime, avec plus ou moins de force, la logique et la rigueur d'un style de pensée qui reste fidèle à lui-même d'un bout à l'autre de son cheminement, jusque dans les conséquences extrêmes qu'il implique. Ces conséquences rencontrent les plus vives résistances lorsqu'elles «débordent » sur le terrain politique et moral... Le refus d'accorder à la Valeur un statut ontologique conduit immédiatement au refus de tout intellectualisme moral, c'est-à-dire de toute théorie fondant l'action morale et le choix sur une reconnaissance préalable de la Valeur par l'esprit jugeant : « Par bien, j'entends ici tout genre de joie, et, de plus, tout ce qui conduit à la joie, et principalement ce qui satisfait un désir, quel qu'il soit ; par mal, tout genre de tristesse, et principalement ce qui frustre un désir (...). Nous ne désirons aucune chose parce que nous jugeons qu'elle est bonne, mais, au contraire, nous appelons bon ce que nous désirons ; et par conséquent ce qui nous donne de l'aversion, nous l'appelons mauvais.» (E III-39-Sc.). La relativité des jugements de valeur ne doit pas être rattachée ici à une quelconque réflexion sceptique sur l'inconstance humaine : en effet, la condamnation de cette relativité ne peut être prononcée qu'au nom d'une transcendance toujours posée plus ou moins consciemment comme critère et fondement du jugement. Or, c'est précisément cette transcendance que Spinoza élimine ici de l'Action, après l'avoir exclue de l'Etre et de la Pensée. L'Action prise en elle-même possède une réalité, une positivité qui rendent par avance abstraite et fictive toute tentative de valoriser cette action. Ce sont les diverses modalités de cette fiction qu'il nous faut à présent envisager.

II. — LES ILLUSIONS MORALES

Ces illusions sont toutes liées, comme nous l'avons annoncé, à l'introduction de la transcendance comme critère d'évaluation. Elles auront donc un rapport plus ou moins étroit avec les diverses formes qu'a déjà prises cette transcendance au niveau de l'onto-théologie et de la métaphysique : Dieu personnel, âme autonome et indépendante du corps. La manière la plus « simple » d'introduire l'évaluation morale au sein de l'Action, est de fonder directement la Valeur morale sur le Dieu transcendant.

A. — *L'illusion de la Faute* :

Ce Dieu qui avait été posé jusqu'ici comme origine de l'Etre et garant de la Vérité, doit à présent être affirmé comme fondement des catégories de Bien et de Mal. Le passage, comme il était prévisible, se fait sans peine, puisqu'il ne s'agit pas réellement d'un passage de l'Etre à la Valeur : en effet, l'Etre lui-même a déjà été valorisé dans cette perspective de la transcendance qui découpe en lui la région du parfait et l'oppose à la région de l'imparfait. A partir de ce moment, la morale n'est plus qu'une répétition de l'onto-théologie, c'est-à-dire que l'Action qualifiée de bonne sera celle qui rendra l'homme plus parfait, qui le rapprochera de la perfection divine. La norme qui définit le sens de ce progrès moral ou au contraire de la déchéance apparaît nécessairement comme loi ou commandement divin à ne pas enfreindre, puisque Dieu est posé comme transcendant et personnel. La critique de la notion de « faute envers Dieu » n'a pratiquement pas de place dans *l'Ethique*, tant elle parait absurde à Spinoza : après ce qu'il a dit de Dieu au livre I, le problème ne se pose même pas. Spinoza n'aborde la question que dans ses lettres à Guillaume de Blyenbergh. Ce correspondant est particulièrement intéressant, non pour son inintelligence et son entêtement, mais parce que chez lui l'idéologie que combat Spinoza se démasque tout de suite. Les autres correspondants suivent Spinoza tant qu'ils ne le jugent pas subversif ; et, lorsque la rupture est inévitable, ils essaient de camoufler le véritable sens de celle-ci en restant sur le terrain spéculatif : ils essaient de démontrer l'existence de la Valeur, de la Volonté, de la Liberté. Blyenbergh, lui, — est-ce là une marque de son manque d'intelligence ? — ne fait pas tous ces détours, et place le problème sur son véritable terrain. Les philosophes traditionnels faisaient semblant de rester sur le plan rationnel, alors que celui-ci ne constituait pour eux qu'un détour destiné à récupérer Spinoza. Blyenbergh ne voit pas l'utilité de ce détour ni de ce masque ; il n'est jamais sorti — même avec l'intention d'y revenir — de son lieu idéologique d'origine : la révélation, la transcendance du Dieu personnel, la Loi et le péché. C'est sur ce terrain qu'il s'engage immédiatement, et, à travers ce correspondant borné et insignifiant, c'est le cœur même de cette idéologie que vise Spinoza : le libre-arbitre, la théodicée, et toutes les controverses théologiques sous lesquelles cette idéologie se cachait et, prenant le masque de la philosophie, feignait de s'avancer sur le terrain rationnel alors que pour elle la partie était jouée d'avance... Il ne peut y avoir de philosophie chrétienne, ni de philosophie religieuse en général. Nous n'en voulons pour preuve que cette affirmation de Karl Barth, lui-même « théologien » (mais est-ce vraiment le mot qui convient ?...) :

« C'est un fait que la philosophia christiana n'a jamais été réalisée : lorsqu'elle était philosophia, elle n'était pas christiana, et lorsqu'elle était christiana, elle n'était pas philosophia. » (*Dogmatique* — tome I - 1° partie). La théologie a toujours été « inconsciemment » une tentative de récupération de la Pensée : elle ne pouvait que trahir à la fois l'attitude religieuse (qui tire toute sa force de son irrationalisme foncier), et l'attitude philosophique, puisqu'elle avait fixé d'avance les limites que la Pensée ne pourra jamais franchir, les « réalités » qu'elle devra reconnaître, même et surtout si elle ne peut les comprendre. L'adversaire de Spinoza n'est pas Kierkegaard mais Thomas d'Aquin : celui qu'il combat n'est pas celui qui se situe délibérément hors de la rationalité, mais celui qui feint de l'adopter alors qu'il a déjà fixé les bornes à partir desquelles celle-ci sera déclarée insuffisante et non valable. Pour Blyenbergh, et donc pour l'attitude théologique en général, le Mal existe : il a une positivité, une essence, une réalité. Il s'agit donc de lui trouver une cause, c'est-à-dire un coupable. Il faut que quelqu'un soit responsable : l'homme ou Dieu. Si l'homme n'est pas libre de choisir, il n'est pas responsable de son action : Dieu est donc cause du mal. Ce qui est absurde. Donc, c'est l'homme qui est cause du mal, parce qu'il l'a choisi : le mal est donc toujours une faute, c'est-à-dire une déviation hors de la ligne de conduite que l'infinie bonté de Dieu avait fixée pour l'homme... Mais, à travers la notion de faute envers Dieu, Spinoza vise une illusion beaucoup moins « évidente », qui constitue le cadre de pensée à l'intérieur duquel la première peut prendre sens : la valorisation de l'Action en elle-même. En effet, il ne s'agit pas pour Spinoza d'éliminer simplement la notion de Dieu et de remplacer la morale religieuse par une morale laïque : celle-ci est tout aussi illusoire, car elle ne fait que remplacer un élément (Dieu) par un autre (la Valeur morale ou le Devoir), tout en conservant la structure elle-même (la transcendance valorisante). Dans les deux cas, l'homme se fixe un but, c'est-à-dire que le sens de son action lui est fourni par quelque chose d'extérieur à cette action, d'extérieur à lui-même : la valorisation de l'action ne peut s'accomplir que par une dévalorisation de l'individu lui-même. C'est un renversement de perspective, un véritable changement de structure, de cadre de pensée, qu'opère Spinoza : « Personne ne s'efforce de conserver son être à cause d'une autre chose. » (E IV-25). Le refus de la transcendance comme critère de valeur entraîne le refus de valoriser l'action en elle-même, par rapport à un Bien et à un Mal substantialisés. Tout ce que l'homme qui juge ajoute à une action considérée en elle- même (c'est-à-dire précisément le jugement de valeur par rapport à un critère transcendant) n'est que fiction et anthropomorphisme : « Je n'accorde pas que la faute et le mal soient rien de positif, encore bien moins que quoi que ce soit puisse être ou arriver contre la volonté de Dieu. Non content d'affirmer que la faute n'est rien de positif, j'affirme en outre qu'on parle improprement et de manière anthropomorphique, quand on dit que l'homme commet une faute envers Dieu ou qu'il offense Dieu. » (L. 19). L'équation Etre = Perfection = Action (qui est le simple développement de la positivité absolue de l'Etre, et de celle de l'Action comme puissance même de l'Etre en tant qu'il persévère dans son être) rejette dans le domaine du non-être et de la fiction le Mal et la Faute qui ne font que correspondre à cette autre fiction : l'Imperfection. «Nous ne trouvons aucune imperfection dans la décision d'Adam, considérée en elle-même, tant que nous ne l'avons pas comparée à d'autres décisions (...). Ce qui est blâmable chez les hommes peut être jugé la plus grande perfection animale (...). La faute, indice d'imperfection, ne saurait exister en quoi que ce soit exprimant de l'être. » (L. 19). En même temps est détruite l'illusion sur laquelle est fondée toute théodicée passée ou à venir : le jugement moral sur l'Etre, qui est la réponse à la question Pourquoi, c'est-à-dire au besoin de raison d'être, de justification de l'être. « Demander à Dieu : Pourquoi ne pas avoir accordé aussi à Adam une volonté plus parfaite ? serait à peu près aussi absurde que de dire : Pourquoi ne pas avoir donné au cercle les propriétés de la sphère ? » (L. 19). De même que l'Etre était sa propre raison d'être, l'Action n'émane pas d'une contingence ou d'un choix auquel il faudrait trouver des raisons : elle est la manifestation nécessaire de la puissance d'être de l'individu à tel moment précis. « La tendance meilleure n'appartient pas plus pour l'instant considéré, à la nature de cet homme, qu'à celle du diable ou à celle de la pierre. » (L. 21). La variété indéfinie des actions que nous classons et hiérarchisons, du point de vue de notre entendement, exprime l'infinie puissance de l'Etre : il n'y a pas plus d'imperfection en soi d'une action qu'il n'y a d'imperfection en soi d'un être. La subordination que nous croyons lire entre les actions n'est qu'une simple juxtaposition des diverses modalités que l'Action prend nécessairement, dans son infinie puissance. Et nous retrouvons ici la distinction entre privation et négation, qui avait déjà exclu de l'être toute valorisation : en croquant la pomme, Adam ne se prive d'aucun état plus parfait ni d'aucune action meilleure ; son action exclut tout simplement, ou nie toute autre action qui est actuellement impossible, étant donnée son essence actuelle. Cette introduction de la nécessité de l'action comme manifestation d'un certain état lui-même nécessaire, exclut par avance les deux notions qui rendaient possible la Faute : la Volonté et la Liberté.

B. —*L'illusion de la Volonté* :

« Par volonté, j'entends la faculté d'affirmer et de nier, et non le désir ;

j'entends, veux-je dire, la faculté par laquelle l'esprit affirme ou nie ce qui est vrai ou ce qui est faux, et non le désir par lequel l'esprit désire les choses ou a de l'aversion pour elles. » (E. II-48-Sc.). En effet, la tradition morale opposait au désir-passion la volonté comme faculté ou pouvoir absolu et indépendant de choisir, c'est-à-dire de juger. La critique de cette notion correspond au refus de l'âme comme substance autonome, possédant un pouvoir absolu sur le corps. Dans un premier moment, Spinoza va montrer que la Volonté est une notion abstraite, c'est-à-dire qu'elle ne se distingue pas réellement des volitions singulières, qu'elle n'est pas une substance indépendante de ces volitions et qui en constituerait l'origine :

« L'esprit est un mode du penser, défini et déterminé, et par conséquent il ne peut être la cause libre de ses actions, autrement dit il ne peut avoir la faculté absolue de vouloir et de ne pas vouloir ; mais il doit être déterminé à vouloir ceci ou cela par une cause, qui est aussi déterminée par une autre, et celle-ci à son tour par une autre, etc.

On démontre de la même façon qu'il n'y a dans l'esprit aucune faculté absolue de comprendre, de désirer, d'aimer, etc. D'où il suit que ces facultés et d'autres semblables, ou sont absolument fictives, ou ne sont que des êtres métaphysiques, autrement dit des universaux, que nous formons d'ordinaire à partir des choses particulières. De sorte que l'entendement et la volonté sont avec telle idée particulière ou avec telle volition particulière dans le même rapport que la « pierréité » avec telle ou telle pierre, ou que l'homme avec Pierre et Paul (...). Et, après avoir démontré que ces facultés sont des notions universelles qui ne se distinguent pas des choses singulières qui servent à les former, il faut maintenant rechercher si les volitions elles-mêmes sont quelque chose d'indépendant des idées mêmes des choses. Il faut rechercher, dis-je, s'il y a dans l'esprit une autre affirmation et négation, en dehors de celle qu'enveloppe l'idée en tant qu'elle est idée (...). Car, par idées, je n'entends pas des images telles qu'il s'en forme dans le fond de l'œil et, si l'on veut, dans le cerveau, mais des concepts de la pensée. » (E II-48-Sc.). Posée dans ces termes, la question qui constitue le deuxième moment de la démarche (le rapport entre volition et idée) est résolue par avance de par la position même de cette problématique : la critique nominaliste des notions de Volonté et d'Entendement, c'est-à-dire le dévoilement de leur généalogie nous conduit nécessairement à envisager la positivité des êtres singuliers, en l'occurrence, de l'idée et de la volition. Or, la positivité absolue de l'idée a déjà été établie, et la puissance d'exister d'un tel être (comme celle de tout autre être singulier, d'ailleurs) était apparue comme affirmation de soi : n'est-ce pas là déjà la marque de l'impérialisme de l'idée, de son auto-suffisance ? « Il n'y a dans l'esprit aucune volition, autrement dit aucune affirmation et négation, en dehors de celle qu'enveloppe l'idée, en tant qu'idée (...). Concevons donc une volition singulière, par exemple, le mode du penser par lequel l'esprit affirme que les trois angles d'un triangle sont égaux à deux droits. Cette affirmation enveloppe le concept — autrement dit l'idée du triangle —, c'est-à-dire qu'elle ne peut être conçue sans l'idée du triangle. Car c'est la même chose de dire que A doit envelopper le concept de B ou que A ne peut être conçu sans B. De plus, cette affirmation ne peut être non plus sans l'idée du triangle. Donc cette affirmation ne peut ni être, ni être conçue sans l'idée du triangle. En outre, cette idée du triangle doit envelopper cette même affirmation, à savoir que ses trois angles sont égaux à deux droits. C'est pourquoi, inversement, cette idée du triangle ne peut, sans cette affirmation, ni être ni être conçue, et par conséquent cette affirmation appartient à l'essence de l'idée du triangle, *et n'est rien que cette idée même* (...). La volonté et l'entendement sont une seule et même chose. »

(E II-49 et coroll.). Cette dernière thèse semble se présenter à ce niveau comme la réfutation d'un simple point de détail de la théorie de Descartes, c'est-à-dire comme une discussion entre spécialistes, contradiction polie, respectant les règles du jeu du système. En fait, elle aura des conséquences «fâcheuses » en ce qui concerne les rapports entre Théorie et Pratique. Traditionnellement, la distinction entre entendement et volonté maintenait une frontière rigoureuse entre Pensée et Action ; cette séparation assurait une prééminence à la fois chronologique et axiologique à la première : la Pensée apparaissait en effet comme le terrain neutre et objectif de contemplation de la Vérité, terrain par lequel devaient nécessairement passer tous ceux qui voulaient agir « en connaissance de cause ». La neutralité de la Pensée permettait à l'individu de choisir en toute liberté, même à l'encontre de l'évidence que semblait lui suggérer celle-ci. C'est justement cette neutralité que Spinoza démystifie comme masque idéologique : « Je nie qu'un homme n'affirme rien en tant qu'il perçoit. En effet, percevoir un cheval ailé, qu'est-ce sinon affirmer d'un cheval qu'il a des ailes ? Car si l'esprit ne percevait rien d'autre en dehors du cheval ailé, il le considérerait comme lui étant présent, et n'aurait aucun motif pour douter de son existence ni aucune faculté pour refuser son assentiment à moins que l'imagination du cheval ailé ne soit réunie à une idée qui supprime l'existence dudit cheval, ou que l'esprit ne perçoive que l'idée du cheval ailé est inadéquate, et alors ou bien il niera nécessairement l'existence de ce cheval, ou bien il en doutera nécessairement. » (E II-49-Sc.). Ce que Spinoza nous dévoile ici, c'est que l'intention avouée de la tradition — assurer à la Pensée et par là-même à l'Ame, en rapport direct avec Dieu à travers la Vérité, une prééminence totale sur l'Action qui, elle, doit se salir les mains, et pénétrer dans le bourbier de la matérialité et du concret — cette intention se trahit précisément elle-même par le moyen qu'elle prétend utiliser pour se réaliser : la séparation de la Théorie et de la Pratique. Cette séparation, en effet, qui « voulait » assurer par là la prééminence de la Pensée, c'est-à-dire sa puissance, n'est en réalité que le constat de son impuissance. La Pensée qui, dans son élan instaurateur chez Platon, était par elle-même Praxis, c'est-à-dire impact réel sur la matérialité pour la transformer en la rationalisant, a perdu « progressivement » son pouvoir à l'intérieur de la Politeïa, et s'est retirée en elle-même : ce symptôme (au sens nietzschéen) de la décadence hellénistique aboutit essentiellement au Stoïcisme qui constitue le constat d'impuissance de la Pensée. Ce mouvement nous mène au mythe bien réel du philosophe-sage, contemplant la Vérité dans son coin (sous un escalier, nous « dit » Rembrandt), et souriant de loin à la vaine agitation du siècle : pour lui, l'essentiel est ailleurs... Le caractère le plus aberrant d'un tel mythe est qu'il se prétend platonicien... Que l'identification de la volonté et de l'entendement constitue une redécouverte de la vérité de Platon, c'est évident pour nous : cela ne l'était sûrement pas pour Spinoza qui ne possédait de Platon que la caricature transmise par le platonisme (à travers Plotin et Augustin) : « L'autorité de Platon, d'Aristote, de Socrate, etc, n'a pas grand poids pour moi (...). Rien d'étonnant à ce que des hommes qui ont cru aux qualités occultes, aux espèces intentionnelles, aux formes substantielles et mille niaiseries aient imaginé des spectres et des esprits et cru les vieilles femmes pour affaiblir l'autorité de Démocrite. » (L. 56). Telle étant « l'image » qu'il se faisait de Platon, l'unité de la Théorie et de la Pratique ne pouvait donc lui apparaître que comme une découverte et non comme un retour, et peut-être est-ce mieux ainsi... Quoi qu'il en soit, c'est bien la puissance de la Pensée qui est ici affirmée avec l'abolition d'une faculté destinée à affirmer cette Pensée, c'est-à-dire à la rendre efficace : la Pensée est par elle-même efficace, elle est puissance d'auto-affirmation. Et l'identité Pensée-Action que nous trouvons ici n'est que le corrélat de la double identité Être-Pensée et Etre-Action : en effet, l'idée et l'idéat sont une seule et même chose, et d'autre part l'action n'est pas une création émanant de l'individu mais son essence même en tant qu'elle tend à persévérer dans son être par sa puissance propre. La Théorie est toujours une Pratique : non seulement parce qu'elle est issue de cette dernière conçue comme sa condition de possibilité, ou parce qu'elle la vise comme but, mais parce qu'elle est essentiellement, en elle-même, pratique. L'idée n'est pas une peinture muette ou un simple mot, mais un concept de l'esprit, c'est-à-dire une production qui ne se distingue pas du producteur et ne se sclérose pas en objet extérieur et définitif. Et à ce niveau, Spinoza retrouve et restructure dans sa propre perspective la défi- nition cartésienne : « Je suis une chose qui pense (...) c'est-à-dire une chose qui doute, qui conçoit, qui affirme, qui nie, qui veut, qui ne veut pas, qui imagine aussi et qui sent. » Il y a effectivement restructuration, parce que, malgré ces nombreuses équivalences, Descartes avait irrémédiablement séparé la Théorie de la Pratique en distinguant le jugement de la conception. La prééminence accordée à la Pensée, qui précédait toute action et la déterminait par un jugement de valeur, est ici abolie : « Il est donc établi par tout ce qui précède que nous ne faisons effort vers aucune chose, que nous ne la voulons pas et ne tendons pas vers elle par appétit ou désir, parce que nous jugeons qu'elle est bonne ; c'est l'inverse : nous jugeons qu'une chose est bonne, parce que nous faisons effort vers elle, que nous la voulons et tendons vers elle par appétit ou désir. » (E III-9-Sc.). Le refus d'une Pensée « pure » qui serait préalable à l'Action est le corrélat de la définition de l'Action comme manifestation découlant nécessairement soit de la nature de l'individu (activité), soit de sa conjonction avec des causes extérieures (passivité). Ce caractère nécessaire de l'Action nous conduit à la notion traditionnellement inséparable de celle de Volonté : la Liberté.

C. — *L'illusion de la Liberté* :

Cette dernière illusion est liée de façon nécessaire à celle du Bien et du Mal et du choix absolument premier et autonome qu'en fait l'individu. Les idées de faute et de culpabilité nécessitent l'introduction du libre-arbitre, c'est-à-dire de la possibilité d'une action immotivée, indépendante des sollicitations extérieures, et donc indépendante de toute sollicitation. Une telle conception de la liberté ne peut se poser qu'en s'opposant à la notion de nécessité : l'homme est libre parce que son action ne découle jamais des conditions qui la supportent, parce qu'elle peut à tout moment jaillir comme une spontanéité imprévisible et contingente, comme un acte gratuit... Et nous voilà brusquement plongés dans les abîmes du problème de l'opposition entre liberté et déterminisme, problème tellement grave que nos plus grands savants eux-mêmes (esprits clairs et exempts de toute influence idéologique) y ont achoppé naguère à propos des fameuses « relations de Heisenberg » : l'atome aurait-il par hasard un libre-arbitre ?... Le problème s'était déjà posé en d'autres termes pour la théologie : comment concilier le libre-arbitre de l'homme (indispensable à sa responsabilité morale) et la prédestination (ou prescience ou Providence divine, ou toute autre notion marquant la toute-puissance du créateur sur sa créature) ? Descartes, soucieux de ne blesser aucune des sectes en présence, répondait à la profondeur de la question par la profondeur de la réponse : l'accord entre libre-arbitre et prédestination est un mystère, une chaîne dont nous tenons les deux bouts mais dont nous ne voyons pas les maillons centraux ; nous pouvons néanmoins être assurés de la solidité de ces maillons qui constituent une harmonie préétablie entre les deux extrémités apparemment disparates... Tel est le niveau auquel Spinoza doit descendre ; tels sont les termes dans lesquels il est obligé de parler et de se battre... Il a déjà établi à propos de la volonté qu' « il n'y a dans l'esprit aucune volonté absolue ou libre ; mais l'esprit est déterminé à vouloir ceci ou cela par une cause, qui elle aussi est déterminée par une autre, celle-ci à son tour par une autre, et ainsi à l'infini. » (E II-48). Et Spinoza peut alors prononcer la phrase qu'il reprend tout au long de *l'Ethique* et de sa correspondance : « Les hommes se croient libres pour la seule raison qu'ils sont conscients de leurs actions et ignorants des causes par lesquelles ils sont déterminés. » (E II-2-Sc.). L'action a une positivité par elle-même, c'est-à-dire qu'elle est l'essence même de l'individu en tant qu'il tend à persévérer dans son être : « L'appétit n'est rien d'autre que l'essence même de l'homme, et de la nature de cette essence suivent nécessairement les choses qui servent à sa conservation ; et par conséquent l'homme est déterminé à les faire. » (E III-9-Sc.). L'action découle nécessairement de cet appétit, et exclut donc tout choix préalable émanant d'un libre-arbitre. Même le jugement de valeur qui déterminerait ce choix est une illusion que l'homme se forge a posteriori. La valorisation d'une action n'est que la justification d'un appétit qui avait toujours déjà déterminé l'action au préalable. D'autre part, l'autonomie de l'esprit et son pouvoir de décision sur le corps se sont révélés illusoires eux aussi, à partir du moment où l'esprit a été défini comme idée du corps : « Nous ne pouvons rien faire en vertu d'un décret de l'esprit, à moins que nous n'en ayons le souvenir ; par exemple, nous ne pouvons prononcer un mot à moins que nous n'en ayons le souvenir. Mais il n'est pas au libre pouvoir de l'esprit de se souvenir d'une chose ou de l'oublier (...). Ce décret de l'esprit que l'on croit être libre, ne se distingue pas de l'imagination même ou de la mémoire, et n'est autre chose que l'affirmation qu'enveloppe nécessairement une idée, en tant qu'idée. Et par conséquent, ces décrets de l'esprit naissent dans l'esprit par la même nécessité que les idées de choses existant en acte. » (E III-2-Sc.). Ma pensée n'instaurait pas la vérité et n'avait pas à la choisir de préférence à une fausseté qui serait toujours présente à titre de possible : mais « ma» pensée était l'Etre lui-même dans toute sa nécessité s'exprimant plus ou moins confusément dans un certain attribut. De même, mon action ne constitue pas un choix entre deux réalités transcendantes, extérieures à elle : le Bien ou le Mal ; mais mon action est la nécessité même de mon essence en tant qu'elle tend à persévérer dans son être. Et tout ce qui facilite ou augmente cette puissance d'exister est ensuite jugé bon. A propos du couple libre-nécessaire, Spinoza pratique la même opération « ironique » qu'il avait déjà appliquée aux couples être-perfection, pensée-vérité et puissance-vertu. La même structure de la démarche réapparaît à ce niveau : la liberté, conçue comme pouvoir absolu de l'esprit ou libre-arbitre, ne tirait tout son sens que de l'opposition radicale qu'elle entretenait avec la nécessité, c'est-à-dire avec l'enchaînement des déterminations et des motivations extérieures. Or, Spinoza conserve ce terme de « liberté » pour désigner précisément la nécessité avec laquelle l'action découle de l'essence actuelle de l'individu : « Est dite libre la chose qui existe d'après la seule nécessité de sa nature et est déterminée par soi seule à agir. On appelle au contraire nécessaire, au plutôt contrainte, la chose qui est déterminée par une autre à exister et à produire un effet selon une raison définie et déterminée. » (E I- déf. 7). Lorsque Spinoza semble comme ici introduire une précision par un « ou plutôt », il ne s'agit jamais d'une autre façon de dire « la même chose » : il s'agit au contraire de la juxtaposition de deux vocabulaires qui s'excluent mutuellement, car ils renvoient précisément aux deux perspectives de l'idéologie valorisante et de la philosophie telle que Spinoza l'instaure. Pour la première de ces perspectives, le libre s'oppose au nécessaire et ne tire son Sens que de cette opposition ; pour la deuxième (qui se constitue en tant que refus de toute perspective introduisant nécessairement un discours moral sur l'Etre), le « libre » ne peut désigner que l'expression nécessaire et adéquate de l'essence individuelle : il ne peut désormais s'opposer qu'au « contraint » qui est toujours l'expression d'une nécessité, mais externe celle-ci, imposée du dehors, et exprimant davantage les causes extérieures que la nature propre de l'individu agissant ». Telle est la différence fondamentale entre les deux types de nécessité que Spinoza ne cesse de rappeler tout au long de sa correspondance : « Que le nécessaire et le libre s'opposent l'un à l'autre, cela n'est pas moins absurde et me paraît contraire à la raison (...). Vous ne faites pas de différence entre la contrainte ou encore la force extérieure, d'une part, et la nécessité, d'autre part. Qu'un homme veuille vivre, aimer, etc., ce n'est pas là l'effet d'une contrainte et c'est cependant nécessaire. » (L. 56). « Je ne situe pas la liberté dans un libre décret, mais dans une libre nécessité (...). [Votre ami] dit avec Descartes qu' est libre celui qui n'est contraint par aucune cause extérieure : s'il appelle « contraint » celui qui agit contre son gré, j'accorde qu'en certaines circonstances nous ne soyons nullement contraints et qu'à cet égard nous ayons un libre arbitre. Mais s'il appelle contraint celui qui, quoique selon son gré, agit pourtant par nécessité, je nie que nous soyons libres en aucun cas. » (L. 58).

III. — LA POSITIVITE DE L'ETHIQUE : RAISON ET ACTION

Que Spinoza continue — malgré la destruction de ces fictions morales — à intituler « *Ethique* » son testament, cela ne contredit en rien cette abolition de la Valeur dans l'Etre : il continue aussi à parler de Dieu, de l'esprit, de l'idée vraie et de la vertu... Car, à qui aurait-il pu parler s'il n'avait précisément pas parlé de cela ?... L'ambiguïté du terme « Ethique » est certainement voulue par Spinoza, comme celle de tous les termes précédents, d'ailleurs. En effet, dans ce cas précis, du point de vue du lecteur traditionnel, il est synonyme du terme « morale » (qui renvoie, lui, au Bien, à la vertu, au libre-arbitre...). Ce lecteur, confronté au titre du livre, pense trouver là un « traité de morale », c'est-à-dire une reconstruction conceptuelle de l'idéologie dominante. Or, pour Spinoza, la spécificité du terme Ethique tient précisément au fait qu'il s'oppose radicalement au terme Morale — comme l'a souligné Gilles Deleuze (*Spinoza et le problème de l'expression*).

L'Ethique spinoziste n'est pas une morale déduite d'une onto-théologie ou d'une métaphysique ; elle n'est même pas un ensemble de règles déduites d'une anthropologie, c'est-à-dire un ensemble de choses à faire pour réaliser l'essence de l'Homme. En réalité, le discours éthique ne se distingue pas de cette anthropologie : c'est-à-dire que la positivité de l'Ethique ne peut pas venir après la positivité de l'Action mais qu'elle est cette positivité même. Or, la positivité de l'Action a été définie comme l'essence de l'individu en tant qu'il s'efforce de persévérer dans son être. La nécessité de cette action, découlant de l'essence actuelle de l'individu, et visant nécessairement son utilité propre, c'est-à-dire son maintien dans l'Etre, appelle immédiatement le terme d'« immoralisme ». Spinoza a prévu le contresens qui allait être nécessairement fait par le lecteur de l'idéologie sur ce terme, tout comme il s'était déjà défendu par avance contre l'accusation d'athéisme. Dans le scolie de la proposition 18 de la IV° partie (qui constitue le véritable commencement de la V° partie, c'est-à-dire du discours sur la liberté humaine), il prévient ce contresens : « J'ai ainsi procédé afin de capter, si possible, l'attention de ceux qui croient que ce principe — que chacun est tenu de chercher l'utile qui est sien — est le fondement de l'immoralité, et non celui de la vertu et de la moralité. » Et en effet, l'*Ethique* n'accomplit pas un simple renversement des valeurs (une inversion) mais une véritable abolition de tout langage valorisant. Ce langage présupposait en effet tout l'arrière-monde comme lieu où la Valeur se réaliserait enfin parce qu'elle y était toujours déjà réalisée, comme point de convergence de l'Etre et du devoir-être. Cet au-delà toujours postulé « fondait » alors une morale du « comme si » : agir comme si nous étions libres et immortels. Spinoza refuse ce conditionnel qui est toujours pour lui aveuglement sur soi-même, c'est-à-dire peur devant la réalité : il s'agit de ramener l'action humaine à un savoir en quelque sorte absolu (connaître ce qui est, et ce qu'est tel homme particulier). Il ne s'agit plus de parier, de tendre vers un idéal postulé : réalité et perfection sont une seule et même chose ; tout est à portée de la main ; l'essence de l'individu est tout entière déjà-là ; il ne s'agit pour lui que de vivre cette nature pleinement. Tout est à ramener au seul réel : la norme, la règle morale extérieure, la transcendance valorisante ne peuvent que diminuer la puissance d'un être, le comprimer, le rapetisser afin qu'il ne soit pas dangereux pour le troupeau, c'est-à-dire qu'il ne soit pas lui-même.

L'ancien arrière-monde de la Valeur se dissout (sans laisser de trace) dans l'Etre : de même que pour être libre il suffit d'agir, de même, pour « être moral » il suffit d'être.

Cependant, avec le scolie précédemment cité — qui annonce et résume ce que la fin de la IV° partie va établir comme la vraie positivité de l'Ethique par opposition à la négativité et à la fictivité de la Morale — se pose à nous la question du sens du terme *Raison* que Spinoza introduit dans son discours à ce moment-là. Et, à travers le sens que prendra ce terme. apparaît la possibilité d'une radicale remise en question de Spinoza, en étudiant par là son rapport à Platon d'une part, et à Nietzsche de l'autre. En effet, la notion de puissance et le passage par-delà le Bien et le Mal semblent en faire un ancêtre de Nietzsche (comme celui-ci le reconnaît lui-même). Mais la question qui se pose est celle de savoir si la notion de Raison n'implique pas l'introduction d'une essence de l'homme comme idéal à atteindre, qui nous ramènerait, sinon à Platon, du moins au sens que le platonisme a pris dans le développement ultérieur du rationalisme. Cette possibilité de retour en arrière (c'est-à-dire de peur philosophique et de récupération idéologique) semble en effet ouverte par les expressions que Spinoza emploie dans ce scolie : « les préceptes de la Raison... ce que la Raison nous prescrit... les règles de la Raison humaine...les commandements de la Raison. » Un tel langage est hautement moral, c'est-à-dire qu'il n'est pas éthique. Ce que nous voudrions montrer, c'est que Spinoza, malgré ce que pourraient laisser présager de telles expressions, ne réintroduit pas une nature humaine à réaliser, c'est-à-dire qu'il n'est ni « rationaliste », ni « humaniste ». Non pas parce qu'une certaine mode emploie ces termes dans un sens péjoratif, mais parce que la notion d'idéal à atteindre remettrait en question le rapport entre la philosophie et l'idéologie dans l'œuvre de Spinoza, rapport qui constitue le centre de notre lecture. L'opposition apparente entre la proposition 24 et sa démonstration va nous permettre de préciser le statut et le rôle du terme « Raison ». La proposition nous dit en effet : « Agir par vertu absolument n'est rien d'autre en nous qu'agir, vivre, conserver son être (ces trois mots signifient la même chose) *sous la conduite de la Raison*, d'après le principe qu'il faut chercher l'utile qui nous est propre. » C'est un tel langage qui a parfois permis de dire à certains commentateurs, soucieux plus ou moins inconsciemment de récupérer Spinoza, que le terme Raison marquait le recul de Spinoza face aux conséquences immorales de sa thèse : en réintroduisant la Raison comme nature humaine, il reviendrait à la morale des valeurs transcendantes et des essences à réaliser. Et il faut bien reconnaître que son langage, prudent à l'extrême, conserve assez souvent un certain nombre d'expressions ambiguës : « L'entendement étant la meilleure partie de notre être, il est certain que si nous voulons vraiment chercher l'utile, nous devons par-dessus tout nous efforcer de parfaire notre entendement autant qu'il est possible, car dans sa perfection doit consister notre souverain bien. » (TTP - IV - p. 668). Spinoza semble bien ici valoriser un « aspect » de la réalité humaine, qu'il érigerait en essence (rationnelle) de l'homme, en excluant d'elle les autres aspects auxquels il n'accorderait que le statut de « *propria* »... Or, la démonstration de la proposition 24 nous interdit précisément cette voie de récupération : « Agir par vertu absolument n'est rien d'autre qu'agir d'après les lois de sa propre nature. Or nous sommes actifs dans la mesure seulement où nous comprenons. » Et le sens de l'expression « sous la conduite de la Raison » est à nouveau précisé dans le chapitre III de l'Appendice : « Nos actions — c'est-à-dire les désirs qui se définissent par la puissance de l'homme, autrement dit par la Raison — sont toujours bonnes. » Cette expression qui revient très souvent sous la plume de

Spinoza, tout au long de cette IV° partie, ne réintroduit donc pas une norme transcendante, un guide d'action, un impératif qui rendrait nécessaire l'effort de l'homme tendu vers la réalisation d'un modèle (vers l'actualisation de son essence potentielle). Lorsque Spinoza parle de nature humaine, il ne s'agit en aucune façon d'une essence potentielle à réaliser, mais toujours d'une réalité en acte ; il ne s'agit jamais d'un modèle universel mais toujours d'une essence individuelle : tout « concept » de la nature humaine est une fiction ou une simple idée confuse... Agir, vivre, conserver mon être par vertu, c'est accomplir une action qui manifeste ma puissance, une action qui est essentiellement mienne, qui découle nécessairement de ma seule essence actuelle et non de l'emprise des causes extérieures : une action dont je suis la cause adéquate. Or, mon essence actuelle est exprimée par l'essence de mon esprit (puisque « l'homme pense ») : non que la Pensée ait une supériorité quelconque sur l'étendue, mais parce que l'esprit est exactement la même chose que le corps (l'expression sous un certain attribut de mon essence individuelle actuelle), et que l'activité et la passivité de l'un ne sont pas inverses mais concomitantes de celles de l'autre : « De ce qui augmente ou diminue, aide ou contrarie la puissance d'agir de notre corps, l'idée augmente ou diminue, aide ou contrarie la puissance de penser de notre esprit. » (E III-11). Et d'autre part : « Un sentiment qui est une passion cesse d'être une passion, sitôt que nous en formons une idée claire et distincte. » (E V-3). La Raison ne peut donc être une règle d'action ou un modèle extérieur à réaliser : « Tout ce à quoi nous nous efforçons selon la Raison n'est rien d'autre que comprendre (...). L'effort pour se conserver n'est rien que l'essence de la chose même, qui en tant qu'elle existe telle qu'elle est essentiellement, est conçue comme ayant la force de persévérer dans l'existence et de faire ce qui suit nécessairement de sa nature donnée. Or l'essence de la Raison n'est rien d'autre que notre esprit, en tant qu'il comprend clairement et distinctement. Donc tout ce vers quoi nous nous efforçons selon la Raison n'est rien d'autre que comprendre (...). Cet effort pour comprendre est donc le premier et l'unique fondement de la vertu, et ce n'est pour aucune fin que nous nous efforcerons de comprendre les choses.» (E IV-26). La « conduite sous la Raison » n'est donc pas le moyen de parvenir à la connaissance des valeurs morales ni de l'essence humaine à réaliser. Il ne s'agit pas ici d'une quelconque morale intellectualiste pour laquelle le Bien serait à connaître au moyen de la Raison. La compréhension ne vise pas ici d'autre but qu'elle-même ; elle n'est pas au service d'une transcendance qui la justifierait. Elle est simplement l'action même de l'esprit, la manifestation de sa puissance comme effort pour persévérer dans son être ; et cet effort lui non plus n'a pas à se justifier vis-à-vis d'une transcendance : « Personne ne s'efforce de conserver son être à cause d'une autre chose». (E IV-25). Par sa « conduite selon la Raison » Spinoza introduit ici une Ethique de la lucidité : et cette lucidité n'a pas de but extérieur à elle-même. Elle est l'essence de l'individu se possédant pleinement dans cette transparence à soi-même que constitue la compréhension, c'est-à-dire l'activité de l'esprit, sa puissance d'être. Ce que Spinoza veut dire c'est que être actif, c'est savoir qu'on est actif : il ne peut y avoir d'activité morale innocente qui ferait le Bien inconsciemment. Le corps ne peut être actif sans que l'esprit ne le soit lui aussi, sans que la Pensée ne se saisisse de cette action et ne la fasse sienne : la seule activité est dans cette coïncidence avec moi-même, dans cette pleine possession de ma propre essence. Je ne peux être moi-même que si je sais qui je suis. La lucidité n'est donc pas la plus haute vertu : elle est la seule vertu (car il n'y a pas une hiérarchie de vertus, mais une seule puissance individuelle)... Nous pouvons donc à présent, après cette mise au point du statut de la Raison et de la notion d'essence de l'homme, revenir au résumé de l'*Ethique* proprement dite que constitue le scolie de la proposition 18, et le relire, tout simplement, comme pure expression de cette positivité de l'Action que nous avons vue préalablement à l'œuvre dans l'Etre et dans la Pensée : « La Raison ne demande rien contre la Nature ; elle demande donc que chacun s'aime soi-même, qu'il cherche l'utile qui est sien, c'est-à-dire ce qui lui est réellement utile, et qu'il désire tout ce qui conduit réellement l'homme à une plus grande perfection ; et, absolument parlant, que chacun s'efforce, selon sa puissance d'être, de conserver son être (...). Ensuite, puisque la vertu n'est rien d'autre qu'agir selon les lois de sa propre nature, et que personne ne s'efforce de conserver son être, sinon selon les lois de sa propre nature, il suit de là :

1° que le fondement de la vertu est l'effort même pour conserver son être propre, et que le bonheur consiste pour l'homme à pouvoir conserver son être ;

2° que la vertu doit être désirée pour elle-même, et qu'il n'y a rien qui l'emporte sur elle ou qui nous soit plus utile, ce pourquoi on devrait la désirer. »

Le contraire de la vertu n'est donc plus la méchanceté, l'injustice, ou tout autre écart par rapport à une norme, mais tout simplement l'impuissance c'est-à-dire l'inconscience, car « agir par Raison n'est rien d'autre que de faire ce qui suit de la nécessité de notre nature considérée en soi seule.» (E IV-59-dém.). La différence éthique entre l'homme libre et l'esclave se substitue désormais à la différence morale entre le juste et le pécheur. La seule puissance d'être soi-même va les distinguer : « Nous verrons en quoi un homme qui est conduit par le seul sentiment ou par l'opinion, diffère d'un homme qui est conduit par la Raison. Le premier, en effet, qu'il le veuille ou non, fait des choses qu'il ignore absolument ; tandis que le second n'obéit à personne d'autre qu'à lui-même et fait seulement ce qu'il sait être primordial dans la vie et que, pour cette raison, il désire le plus. » (E IV-66-Sc.). Jusqu'au bout, Spinoza poursuit cette lucidité qui seule permet à l'homme de coïncider avec sa propre essence, c'est-à-dire d'agir selon elle seule. Et jusqu'au bout également, il refuse toute transcendance valorisante : « Tout ce dont l'homme est la cause efficiente est nécessairement bon. » (E IV- Appendice - ch.6). C'est-à-dire que l'homme libre n'a pas à se demander si son action sera bonne ou mauvaise : la différence éthique ne repose pas sur la matérialité de l'acte en tant que résultat concret ; l'Ethique n'est pas une Poïèsis mais une Praxis. C'est la tradition morale des valeurs transcendantes qui s'attachait à l'acte pour juger l'homme ; et cette morale était à tel point une morale de l'acte, qu'elle appelait « l'Acte » celui qui avait pour elle la plus grande importance comme manifestation suprême de la déchéance morale : l'acte sexuel...

L'Ethique parle toujours de l'Etre ; et même lorsqu'il est question d'actions, ce n'est jamais que comme manifestation de la puissance qu'a l'Etre de persévérer dans son être. La Morale ne pouvait jamais parler de l'Etre, car elle dissolvait mon essence dans la série des relations à la Transcendance qui étaient censées la définir : je n'étais jamais moi-même, mais uniquement absence et négation de ce que j'aurais dû être. Je n'étais jamais ma propre raison d'être, ou plutôt je n'étais jamais par-delà tout besoin de justification : et la transcendance de la Valeur rejetait toujours dans un au-delà la coïncidence indéfiniment reculée avec ma propre essence posée comme modèle à réaliser. Seul ce que je suis importe à l'Ethique. Je n'ai pas à devenir autre chose que moi-même : l'idée de progrès moral trahit toujours un instinct de mort, car vouloir changer d'être c'est vouloir ne plus être. Le temps n'a chez Spinoza qu'un rôle pédagogique : c'est toujours le temps du *Traité de la Réforme de l'Entendement*, c'est-à-dire celui qui me fait passer « le plus vite possible » de l'idéologie à la philosophie. Mais le mouvement qui me fait pénétrer dans le cercle ne me permet plus d'en sortir, et s'abolit lui-même : « Sentimus experimurque, nos æternos esse. »

L'expérience de ma propre essence comme réalité positive rend illusoire toute idée de progrès. Je n'ai pas à être autre en me rapprochant d'un modèle (je ne peux pas être autre) : j'ai à savoir qui je suis et à agir selon ce que je suis. Vouloir se faire, c'est toujours vouloir se détruire.

CONCLUSION

Les différents couples de catégories qui prétendaient constituer le point de passage de l'ontologie à l'axiologie ont donc été successivement éliminés comme trahissant à la fois l'une et l'autre. Ces catégories valorisantes trahissaient en effet l'ontologie en y introduisant des différenciations et une hiérarchisation entre diverses régions de l'Etre. Elles détruisaient par là même ce qui constituait l'ontologie en tant que telle : la positivité absolue de son propre domaine. Introduire l'Imparfait dans l'Etre, le Faux dans la Pensée, le Mal dans l'Action, c'est éliminer le domaine entier sans lequel ces catégories n'ont plus de sens : car ce domaine ne peut être posé que comme réalité et positivité absolues. D'autre part, ces catégories trahissent également l'axiologie. En effet, celle-ci était née comme exigence de sens et comme besoin de fondement : introduire dans le langage qui parle de ce fondement les catégories que celui-ci était précisément chargé de fonder, c'est reconnaître que la tentative destinée à les fonder a échoué, et que le langage est par lui-même incapable de rendre compte de sa perspective valorisante. Toute une tradition philosophique (qui est peut-être en fin de compte la seule « tradition » philosophique, puisqu'elle s'enracine chez Platon) prend acte de cet échec et l'érige en « doctrine » voulue comme telle. « Le plus long détour » dont parle François Châtelet (« *Platon* ») est précisément celui qui était destiné à fonder l'action politique et morale (c'est-à-dire le discours justifiant l'action) sur l'Etre lui-même. Mais la démarche entière de Platon est le constat d'échec de ce détour : ce détour ne suffit pas, et la justification de la Valeur ne peut être accomplie par l'Etre que si celui-ci est déjà exprimé en termes de Valeur. Le sens de l'action ne peut se déduire de l'Etre que si l'Etre a par lui-même un sens : c'est cette circularité de la démarche que signale le « concept » de Bien. Le Bien chez Platon n'est pas l'Etre lui-même ; il n'est même pas ce qui fait être, car il n'est pas un « ce que » : c'est-à-dire qu'il n'est pas. Le Bien — tout comme l'Idée qui fait signe vers lui — n'est pleinement déterminé que comme Valeur : s'il fait être, c'est qu'il fait valoir, c'est-à-dire qu'il donne sens.

L'aboutissement à l'Inconditionné marque donc l'échec de la démarche qui nous avait fait remonter de condition en condition, de Pourquoi en Pourquoi. Le Pourquoi ultime est bien par-delà toute nouvelle question sur son fondement ou sa justification, mais c'est précisément parce qu'il érige la question elle-même indéfiniment répétée en « réponse ». La question initiale était celle de la Valeur, du sens ; le détour par l'Etre se révèle insuffisant, car l'Etre apparaît comme injustifié, c'est-à-dire par lui-même insensé. L'Etre ne peut fonder la valeur que s'il vaut déjà lui-même ; il ne peut donner sens que s'il a lui-même un sens. Le premier moment de la démarche, qui nous avait fait remonter du besoin de Valeur à la prise d'Etre, apparaît donc comme insuffisant s'il n'est doublé d'un deuxième moment (platonicien) qui nous fait remonter de l'Etre à la Valeur comme source d'existence et de sens. La Valeur n'est finalement retrouvée au terme (lors de la redescente dans la caverne de l'action pour donner sens à celle-ci) que parce qu'elle était déjà-là au départ sous la forme de l'Inconditionné. Le cercle platonicien s'est ainsi refermé : la Valeur ne peut être « déduite » de l'Etre que parce que celui-ci a un sens qui lui vient d'ailleurs ;

c'est-à-dire que la Valeur ne peut être déduite que d'elle-même : le philosophe ne peut pas sortir du domaine du sens pour y revenir ensuite en le justifiant, car ce qui pourrait justifier ce sens ne le peut que s'il a lui-même un sens. Le philosophe n'est jamais sorti du terrain de la Valeur, et l'Etre ne l'éloigne pas de celle-ci, mais ne fait que l'en rapprocher, comme chaque pas sur le cercle ne fait que me rapprocher de mon point de départ. L'ontologie platonicienne est une axiologie, c'est-à-dire que le terrain qui fonde le sens est encore le terrain du sens...

Telle est la démarche qui consacre l'impossibilité de fonder la Valeur sur autre chose qu'elle-même. Nous l'avons présentée comme démarche traditionnelle : c'est beaucoup dire ; disons qu'elle a été constamment caricaturée tout au long de l'histoire de la « pensée », et en premier lieu par la théologie (sous quelque nom qu'elle se cache). Le vieux mythe selon lequel Platon préparerait le christianisme cache précisément la « reprise » de cette démarche : le platonisme « prépare » certes le christianisme, mais le platonisme constitue justement une récupération de Platon. Platon ne prépare rien du tout : il donne à penser à certains lecteurs qui le méritent ; les autres passent à travers lui, indemnes... La « pensée » théologique a essayé de répéter cette démarche platonicienne, et elle a transformé le cercle qui avait fait remonter Platon de la Valeur à la Valeur en passant par l'Etre : elle en a fait la position d'une transcendance, source d'Etre et de Valeur, qui est et vaut par elle-même. Et c'est ainsi que la proposition platonicienne : « le Bien fait être », s'est trouvée transformée en la thèse leibnizienne : « Il y a une infinité de mondes possibles dont il faut que Dieu ait choisi le meilleur, puisqu'il ne fait rien sans agir suivant la suprême raison. » (*Essais de Théodicée* -1-8). L'aveu d'échec platonicien, consacré par la circularité de la démarche, s'est transformé en pseudo-savoir affirmant par avance que tout ce qui pourra arriver sera nécessairement « bon », puisque Dieu l'aura choisi et voulu. Le Mal est alors éliminé parce qu'il n'y a que du Bien, le non-sens est aboli parce qu'il n'y a que du sens et que la transcendance fait valoir l'Etre.

C'est cette circularité (instaurée par Platon et caricaturée par la suite) que Spinoza refuse. Et il ne la refuse pas parce qu'il refuserait d'abord le premier moment de la démarche : celui qui nous a fait remonter jusqu'à la prise d'Etre comme fondement de la Valeur. C'est au contraire parce qu'il prend au sérieux ce « fondement », parce qu'il pousse jusqu'au bout l'affirmation de sa positivité, qu'il est conduit à rejeter comme fictif tout langage valorisant porté sur lui. Ce même souci de fonder inébranlablement la Valeur sur une base ontologique l'oblige à exclure de cette dernière tout ce qui détruirait ou entacherait sa réalité, sa positivité absolue : qu'à partir de ce moment la deuxième partie de la démarche devienne impossible, cela est inévitable. L'Etre, affirmé dans sa positivité, exclut toute catégorie valorisante et rend par là-même impossible toute déduction ultérieure de ces mêmes catégories. L'Etre est toujours parfait : c'est-à-dire qu'il est par-delà le Parfait et l' Imparfait. La Pensée est toujours vraie : c'est-à-dire qu'elle est par-delà le Vrai et le Faux. L'Action est toujours bonne : c'est-à-dire qu'elle est par-delà le Bien et le Mal.

La question du sens ne peut pas se poser pour l'Etre en général, non que l'Etre soit tout entier sensé ou insensé, mais parce que le sens est toujours une fiction ajoutée à la seule positivité réelle : celle de l'Etre lui-même. De même que la circularité de la démarche platonicienne se refermait sur la Valeur dont elle était partie, la circularité de la démarche spinoziste se referme sur l'Etre en se coupant définitivement du besoin de Valeur qui constituait sa motivation initiale. Alors que chez Platon la Valeur fait être et seule justifie et fonde l'Etre, chez Spinoza l'Etre n'a pas à être justifié par une transcendance instauratrice de valeurs. L'ontodicée n'a pas à être écrite avant ou après l'ontologie : l'Etre se situe par-delà toute ontodicée. Platon et toute la philosophie postérieure voient et pensent à travers les cadres de cette « vision morale de l'Etre » : le Bien et le Mal sont pour eux la perspective unique et nécessaire qu'ils n'arrivent pas à voir et à thématiser en tant que perspective. La Valeur est le point aveugle de l'œil platonicien : celui par lequel il voit, autour duquel s'oriente toute sa vision, mais qu'il ne peut par cela même voir en tant que tel. Spinoza se place, lui, en dehors de cette perspective et prend conscience du point aveugle : il refuse non seulement cette perspective platonicienne (ce qui constituerait un renversement des valeurs), mais toute perspective (ce qui est une abolition de la Valeur). Il se place « au centre » de l'Etre sans diriger sur lui, de l'extérieur, un regard orienté par la Valeur.

La question de la Valeur, de la justification, du Pourquoi, qui nous était apparue au début de ce travail comme « la » question philosophique, est à présent démasquée : elle est « la » question idéologique par excellence, c'est-à-dire celle qui, pour être simplement posée, nécessite un terrain ou un cadre qui justement présuppose sa solution. Spinoza nous a fourni la meilleure preuve de cette mystification toujours présente sous l'apparente neutralité (objectivité) de la question « philosophique », puisque, parti de cette même question, il a été obligé — de par la logique même de sa démarche — d'épurer ce qui devait servir de fondement et, cette épuration accomplie, de reconnaître que ce « fondement » ne pouvait plus fonder autre chose que lui-même : les prétendues réponses qui en étaient déduites ne faisaient qu'en retirer ce qu'elles y avaient déjà introduit de par la position même de la question.

Que Spinoza ait « vu » cela dès l'abord, qu'il ne soit pas effectivement passé par ce premier moment de la démarche qui nous a fait remonter du besoin de Valeur à la prise d'Etre, c'est possible... Nous ne prétendons pas avoir retracé fidèlement l'itinéraire spinoziste « effectif » ; c'est-à-dire que toute la première partie de notre travail aurait pu être supprimée, si nous n'étions pas venus après Hegel... Sa seule « utilité » est de nous avoir fait comprendre Spinoza, c'est-à-dire de nous avoir permis de reconstruire (ou de construire, selon la fidélité à « l'esprit » spinoziste que l'on voudra nous accorder) le mouvement par lequel la pensée en tant que telle, la Philosophie, se dégage de l'idéologie qui lui fournit ses pseudo-problèmes de départ.

TABLE

INTRODUCTION   p. 9

DU BESOIN DE VALEUR
A LA PRISE D'ETRE   15

LA PRISE D'ETRE COMME
ABOLITION DE LA VALEUR   49

    L'a-théologie   50

    L'a-métaphysique   101

    L'a-morale   161

CONCLUSION   229

Printed in the USA
CPSIA information can be obtained
at www.ICGtesting.com
LVHW022225141124
796698LV00038B/972